新知图书馆 第二辑

20个工程科学实验
ENGINEERING

【美】阿维娃·埃布内/著 郭威 李倩/译

上海科学技术文献出版社
Shanghai Scientific and Technological Literature Press

图书在版编目（CIP）数据

20个工程科学实验／（美）阿维娃·埃布内著；郭威，李倩译.
—上海：上海科学技术文献出版社，2019（2021.8重印）
ISBN 978-7-5439-7882-9

Ⅰ.①2… Ⅱ.①阿…②郭…③李… Ⅲ.①科学实验—初中—教学参考资料 Ⅳ.① G634.73

中国版本图书馆CIP数据核字（2019）第074828号

Experiments for Future Scientists: Engineering Science Experiments

Text and artwork copyright © 2011 by Infobase Learning

Copyright in the Chinese language translation (Simplified character rights only) © 2019 Shanghai Scientific & Technological Literature Press

All Rights Reserved
版权所有，翻印必究

图字：09-2019-281

策划编辑：张 树
责任编辑：于学松 苏密娅
封面设计：许 菲

20个工程科学实验
20GE GONGCHENG KEXUE SHIYAN
[美]阿维娃·埃布内 著 郭威 李倩 译
出版发行：上海科学技术文献出版社
地　　址：上海市长乐路746号
邮政编码：200040
经　　销：全国新华书店
印　　刷：常熟市人民印刷有限公司
开　　本：720×1000　1/16
印　　张：6.75
字　　数：113 000
版　　次：2019年6月第1版　2021年8月第2次印刷
书　　号：ISBN 978-7-5439-7882-9
定　　价：25.00元
http://www.sstlp.com

序 言

当你听到"科学"这个词时,最先想到的是什么?是否和大多数人一样,想到陈列着各种各样玻璃器皿和许多精密仪器的实验室?想到总是身着白大褂,整日埋头于各种实验,满脸严肃的科学研究人员?虽然在许多地方这种对科学家的传统看法仍然是正确的,但是实验室却不是唯一存在科学的地方。在某个建筑工地、篮球场甚至是一场你喜爱的乐队的演奏会上,都可以发现科学。实际上,科学无处不在。我们在厨房里做饭时要用到科学;画画时要用到科学;建筑师设计建筑物时要用到科学;甚至解释为什么你最喜欢的棒球选手可以打一个本垒打也要用到科学。

几个世纪以来,人类不断地对周围世界进行探索和研究,从中获得的知识不断积累成科学。科学知识的代代传承通过一系列的教育活动得以实现。所有科学教育活动的一项基本目的就是培养年轻人具有批判性思维和解决问题的能力,而这些能力是受益终身的。

科学知识教育具有学术独特性,不仅要展现事实规律、传授技能,更要培养学生的好奇心和创造性。因此,科学是主动的过程,不可能完全用被动的教学方法实现上述目标。教育工作者时常面临"科学教育的最佳途径是什么"这样的难题。尽管尚无确切答案,但是教育界的一些研究成果还是为我们带来了有益的启示。

研究表明,学生必须积极主动地参与科学实践,通过切身体验学习科学知识。我们要鼓励人们摆脱和超越书本,敢于质疑,提出新奇的设想,进行大胆的预测和假设,自己设计实验内容和步骤,并能收集相关信息,记录实验数据,分析所发现的结果,利用各种资源来拓展知识。换言之,在学习科学的过程中,不能只用耳朵"听",还必须动手"做"。这也就是学科学的最佳方法——"做"科学。

所谓"做"科学就是进行科学实验。涉及科学的课程当中,实验部分发挥着多项教育功能。在很多情况下,需要实际操作的教学活动能有效地激发学生的兴趣,有助于新课题的导入。例如,我们介绍某一有争议的实验,会激发学生的探究欲望并解开现象背后的谜团。课堂上的调查研究活动也有助于学生温故知新。根据神经科学的理论,科学实验和其他学习实践活动有助于将新知识从短期记忆转化成长期记忆。以实践活动和实验为主的"做"科学不仅有助于学生掌握科学概念,而且有助于培养当今年轻人对科学的兴趣。

为此,我们策划了这套"新知图书馆"系列丛书,汇集了天文、地理、物理、化学、生物、海洋、机械、音乐、体育、艺术、建筑、环境等多个领域的科学内容,我们将通过实验验证这些学科内容在日常生活中的应用,通过简单的实验吸引学生兴趣,使之能够进行实践操作,实现我们所说的"做"科学。丛书每个分册围绕一到两个主题设计了20~40项实验,实验所用的材料大多都是生活中常见的物品。各类实验配有插图和图解,便于抓住学生注意力,直观地传递信息。所有实验都会综合调动学生进行科学探究的各方面技能,诸如观察、测量、归类、分析以及预测等。此外,某些实验要求学生通过自己设计并完成开放式实验项目,锻炼其探究科学的能力。

书中大多数的实验都是要求在教师和成年人的指导下,以小组的形式进行的,这其中的一个好处是学生们有机会通过社会交往途径进行学习,使得学生有了集思广益和相互学习的机会。神经科学的研究成果证明,小组学习是一种有效的学习手段,人脑是具有社会属性的器官,人际交流和相互协作能提高学习的效果。

"新知图书馆"系列丛书的目标是借助实验激发学生学习科学的兴趣,传授基本的科学概念,培养批判性思维能力。当学生完全沉浸在丰富的实验环境中,他们会经历许多惊喜并获得意外收获,体验到新旧知识融合以及豁然开朗的非凡乐趣。在这样的条件下,学习活动才真实生动而又效果持久。

我们希望当你们完成这些实验时,能对身边的世界有更好的了解。也许阅读这套书并不能使你们成为一流的运动员或数一数二的科学家,但是我们希望这些实验能够激发你们去发现日常生活中的科学,也能鼓励你们把我们的世界变得更加美好。

目 录

实验前必读 …………………………………………………………	1
简介 ………………………………………………………………	1
实验 1　探索工程师都做些什么 …………………………………	3
实验 2　制作弹射器 ………………………………………………	7
实验 3　制作并测试吊桥 …………………………………………	11
实验 4　建造防震建筑物 …………………………………………	16
实验 5　设计降落伞 ………………………………………………	20
实验 6　示范人造卫星轨道 ………………………………………	25
实验 7　制作水坝工作模型 ………………………………………	28
实验 8　制作"沥青" ……………………………………………	33
实验 9　制作全尺寸气垫船 ………………………………………	37
实验 10　测试不同建筑材料的耐久力 ……………………………	42
实验 11　测试声音屏障的有效性 …………………………………	46
实验 12　制作风车 …………………………………………………	49
实验 13　制作水车 …………………………………………………	53
实验 14　设计鲁布·戈德堡装置 …………………………………	59
实验 15　制作摩天大楼模型 ………………………………………	63
实验 16　制作滑板坡道 ……………………………………………	67
实验 17　制作圆顶雪屋 ……………………………………………	72
实验 18　制作门铃报警器 …………………………………………	76

实验 19 研究并制作航天飞机模型 …………………………………… 81
实验 20 利用拱形设计并制作隧道模型 ……………………………… 88
附录
  实验环境的设置 …………………………………………………… 91
  我们的发现 ………………………………………………………… 92

实验前必读

在开始任何实验前仔细阅读

每项实验都包括与具体主题相关的特别安全提示。这些提示不包括那些在做其他任何科学实验时都必须注意的基本规则。因此，你必须仔细阅读下面的安全准则，并时刻牢记在心。

科学实验很容易有危险，规范的实验步骤应该包括细致的安全守则。在实验过程中随时会有意外发生，例如，材料可能会溢出、破碎，甚至着火。发生危险时你甚至来不及自我保护。在整个实验过程中，不论是否会对你造成危险，你都要严格遵守下面的安全提示，时刻警惕意外危险发生。

对每个独立的实验我们都设计了比较保守的安全预防措施。所以，我们希望你能认真对待本书中的所有安全提示。正是因为非常危险，因此你应该明确看到了这些提示。

因为时刻记住所有的规则并不容易，所以在开始每一项实验之前和准备每一项实验时都要重新阅读这些规则，这样你就会在实验的每一个危险关头注意保持安全。此外，在做那些会发生潜在危险的步骤时，你要运用自己的判断力，时刻保持警惕。虽然书中并没有提到"小心热的液体"或"不要用刀划破你的手指"，但并不表示你在烧水或在塑料瓶上打洞时可以疏忽大意。书中的安全提示只是一些特别的提醒。

安全准则

粗心、仓促、缺乏知识或不必要的冒险都会引发事故,采取安全的步骤和在整个实验过程中都保持警惕可以避免上述危险。一定要阅读书中每项具体实验后附加的安全提示和遵从需要成人监督的要求。如果你是在实验室里做实验,记住不要一个人操作。如果不是在实验室里做实验,要至少3个同学一组,并严格遵守学校和各地的法律对监督人员数量的要求。请求具有急救知识的成人监护员看护,并准备好急救包。确保在实验过程中人人都知道急救员的位置。

准 备

- 在实验之前清理桌面,保持干净。
- 开始实验之前,阅读整个实验说明。
- 了解实验中的危险和可预料的危险。

自我保护

- 有步骤地遵守实验说明。
- 每次只做一个实验。
- 确定安全出口、灭火毯和灭火器的位置,关闭燃气和电源开关,准备好洗眼水和急救包。
- 确保充分通风。
- 不要喧闹嬉戏。
- 不要穿露脚趾的鞋。
- 保证地板和工作间干净、整洁、干燥。
- 立即清除溢出物。
- 如果玻璃器皿破裂,不要自己打扫,请求教师帮助。
- 把长头发束到脑后。
- 不要在实验室或工作间里吃东西、喝饮料或吸烟。
- 除非有知识丰富的成人明确告知,否则不要食用任何实验用的材料。

小心使用器材

- 不要把仪器竖立在桌子边缘。
- 小心使用刀子或其他尖锐的仪器。
- 拔电源插头,而不是拔电线。
- 使用前后都要清洗玻璃器皿。
- 检查玻璃器皿的擦痕、裂痕和尖锐边缘。
- 玻璃器皿破碎了要立即通知老师。
- 不要让反射光照射你的显微镜。
- 不要触摸金属导体。
- 小心用电。
- 使用酒精温度计,而不是水银温度计。

使用化学品

- 不要品尝或吸入化学品。
- 在盛有化学品的瓶子和仪器上贴好标签。
- 仔细阅读标签。
- 避免化学品接触皮肤和眼睛(戴安全镜或护目镜、实验用围裙和手套)。
- 不要触摸化学溶液。
- 使用溶液前后要洗手。
- 彻底清除溢出物。

加热物质

- 在加热材料时戴安全镜或护目镜、围裙和手套。
- 使你的脸远离试管或烧杯。
- 当在试管里加热物质时,避免把试管的顶端对着其他人。
- 使用耐热玻璃制成的试管、烧杯和其他玻璃器皿。
- 不要使仪器处于无人看管状态。

- 使用安全钳和耐热手套。
- 如果你的实验室没有耐热工作台,把本生灯放在耐热垫上之后再点燃。
- 点燃本生灯时要注意安全;点燃本生灯时保持通气孔关闭,使用本生灯专用打火机而不用火柴。
- 使用电炉、本生灯和燃用气体完毕后立即关闭。
- 使易燃物远离火焰或其他热源。
- 手边准备一个灭火器。

实验结束

- 彻底清理你的工作场所和任何使用过的玻璃器皿。
- 洗手。
- 小心不要把化学品或污染了的试剂放入错误的容器。
- 不要在水槽里处理材料,除非要求这样做。
- 清理所有的残留物,把它们放到正确的容器里进行处理。
- 按照各地法律规定处理化学品。

随时保持安全意识!

简 介

"科学家探究已经存在的事物。工程师创造新事物。"
——阿尔伯特·爱因斯坦

古代世界的七大奇迹是令人惊叹的建筑,其中包括为胡夫法老建造的吉萨金字塔、带有浇灌植物机械的多层次花园——巴比伦空中花园、多少世纪以来始终屹立不倒的地球上最高人造建筑之一——亚历山大港灯塔。几个世纪以来,"奇迹"的名单不断变更,有时位列其中的还有罗马帝国建造的最大竞技场——罗马斗兽场,用来保护中国王朝的万里长城等。现代的建筑奇迹包括:1967年以前世界上的最高建筑——帝国大厦;世界上最长的吊桥——金门桥;连接大西洋和太平洋的巴拿马运河等。它们的共同之处是什么?它们都是工程学的杰作。

工程是一种把艺术、应用科学、数学和以设计各种建筑为目的的技术结合在一起的职业。这其中还要涉及原材料、建筑过程和机器等因素。工程学还可划分出很多分支。因此,工程师可能会主要从事航天工程、化学工程、土木工程、电子工程、机械工程、石油工程、计算机工程、基因工程、软件工程、纳米技术和分子工程等。工程学中的新兴领域将继续推动技术的进步。

《20个工程科学实验》是"新知图书馆"系列丛书之一,它可能激发学生的科学兴趣,甚至使其在未来去从事该领域内的职业。在"探索工程师都做些什么"一章中,学生们有机会对工程学内不同分支的工程师都在做些什么一探究竟,还能了解想从事这样的职业需要做哪些准备。在"制作并测试吊桥"和"利用拱形设计并制作隧道模型"的实验中,他们也会知晓工程设计的美感与实际用途。在"建造防震建筑物""设计降落伞""制作全尺寸气垫船""制作圆顶雪屋"和"制作摩天大楼模型"的实验中，学生们可以测试自己的动手能力。此外，学生们还可以测试工程成品的有效性，如进行"测试不同建筑材料的耐久力"和"测试声音屏障的有效性"等实验。

每个实验之前都写有简介。另外，本书还设有更多实验，可供学生们制作模型、探索、测试、提问和设计。激发学生们的兴趣和好奇心有一天可能会创造世界上的最新奇迹。援引美国作家沃尔特·斯德莱提夫（Walt Streightiff）的话来说："孩子们眼中看到的绝不只是 7 个奇迹，而是 700 万个。"让孩子们张开眼来看到奇迹，这正是教育家、父母和导师们的职责所在。

实验 1　探索工程师都做些什么

简　介

　　工程学是一种将科学知识和数学应用于设计结构、机械和其他物体或系统的学科。工程师可分为不同的类型,其中包括职业工程师、特许工程师和主任工程师等。在特别领域内获得许可的工程师主要负责一个特殊范围内的工程。尽管由于工程师的出现,人们在近年来取得了许多技术进步,但工程技术却是自古就已经存在的。当我们探究埃及金字塔和罗马高架渠时,很显然,它们就是那个时代工程师的杰作。这些穿越历史的发明早已应用了科学技术。今天,我们有了许多不同的工程分类,如声学工程、航空航天工程、化学工程、土木工程、电气工程和机械工程等。

　　在本实验中,你将了解工程师都从事哪些工作、工程学的历史,以及要想从事工程学这一行业,你需要接受什么类型的教育。

实验时间

调查部分 3—4 天
完成实验 3—4 小时

实验材料

- 查阅互联网或相关书籍
- 一所设有工程学专业的大学（你可以亲自拜访工程学专业的老师或学生，或与他们通过电子邮件、信件或电话联系）
- 纸
- 笔
- 固体胶棒
- 剪刀
- 订书机
- 打印机（如果使用计算机的话）

安全提示

请仔细阅读并遵守本书前面的"实验前必读"中的"安全准则"。上网时须谨慎，并遵循所有网络安全提示。与他人接触须经过父母允许。

实验步骤

1. 利用网络或图书馆，探究工程师都做些什么。请记录你的信息来源，将信息汇总后回答下列问题：

   ① 什么是工程师？
   ② 工程学的历史是什么？
   ③ 最早的工程师都有谁？
   ④ 工程学有哪些不同分类？
   ⑤ 每一类型的工程师都做些什么？
   ⑥ 如果没有工程师的话，我们日常生活中的哪些物品或行为将不复存在？
   ⑦ 如果可能，请打印一些关于上述问题的图片。

2. 与一所大学的工程系取得联系，看看被录取到该专业需要达到哪些要求,获得工程学学位需要达到哪些要求(例如,需要学习哪些课程)。你可以通过网络来查询相关信息。此外,你也可以到当地图书馆进行查询,或联系身边可以为你提供有关信息的人。另请查询工程师能够从事哪些职业。你可以把下面的数据表作为搜索指南。

3. 利用搜集到的信息创立工程学信息包。

① 用你打印的图示制作一页封面(图1)。请在封面上写出标题和你的姓名。

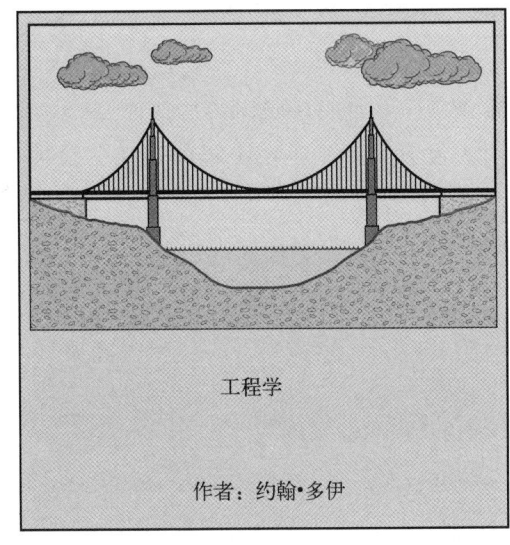

图1

② 制作一个包括如下章节的目录:什么是工程师、工程学的历史、工程学的领域、工程学如何使我们受益、如何成为一名工程师、工程学涉及的职业及参考书目。

③ 如果可能,请从你找到的资料中打印一些图片。

数 据 表

所需学科	工程学专业录取条件	获得工程学学位条件
英　语		
数　学		
科　学		
社会学科		

续 表

所需学科	工程学专业录取条件	获得工程学学位条件
外　语		
视觉艺术和行为艺术		
其　他		

分　析

　　1. 关于工程师都做些什么，你有哪些新的发现？

　　2. 说出一件你过去没有意识到是由工程师制造的日常物品。如果没有这件物品，你的生活将会怎样？

　　3. 工程行业中哪一项工作最吸引你？为什么？

我们的发现

　　请参阅本书附录中的"我们的发现"。

实验 2 制作弹射器

简 介

弹射器是一种用来发射射弹的工具。在上古时代和中世纪,弹射器被广泛用于战争。上古时代它首先用来发射弓箭。后来,为了攻陷中世纪的城堡和城市城墙,弹射器成了围攻作战的必备之物。它可以使燃烧的射弹飞越高墙,直入城内。火药出现之后,大炮取代了弹射器的地位。即使在更为现代的时代,弹射器依然有着用武之地。如第一次世界大战时,人们就用它来投掷手榴弹。今天,经过改进的弹射器可用于从船上发射鱼雷,或帮助飞机从航空母舰很短的跑道上实现起飞。

人们使用很普通的材料就可以很容易地制作弹射器。弹射器的大小不一,但基本原理相同,那就是花费较少的力量获得更大的力,从而推动物体前进。在本实验中,你将制作一个小型弹射器,并用它来发射物体。

实验时间

制作弹射器 1—2 小时
完成实验 20 分钟

实验材料

- 较长的雪糕棍
- 婴儿食品罐的瓶盖
- 较大的木制晒衣夹
- 胶水
- 2块约7.5厘米×7.5厘米的小木块,1块约30厘米长的厚木板
- 10块软糖
- 卷尺

安全提示

请仔细阅读并遵守本书前面的"实验前必读"中的"安全准则"。

实验步骤

1. 将晒衣夹粘在厚木板上(图1)。
2. 将小木块粘在晒衣夹翘起的一端(图2)。

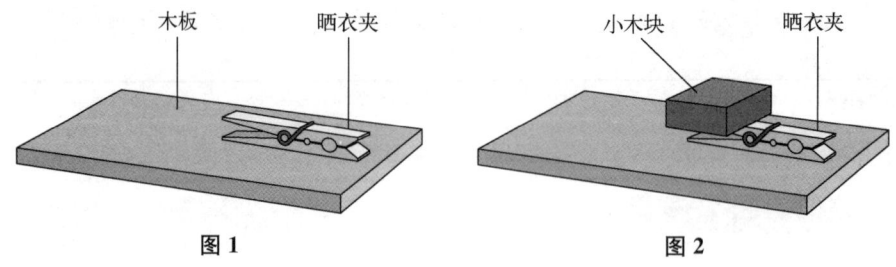

图1   图2

3. 晾干上述步骤中的物品。
4. 将婴儿食品罐的瓶盖粘在长雪糕棍上(图3)。
5. 等待瓶盖和雪糕棍上的胶水干透。

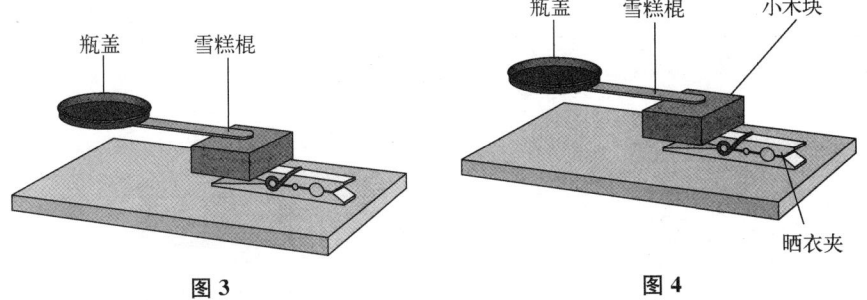

图 3 图 4

6. 如图 4 所示将雪糕棍粘在小木块上。
7. 将胶水晾干。
8. 将软糖放在瓶盖上(图 5)。

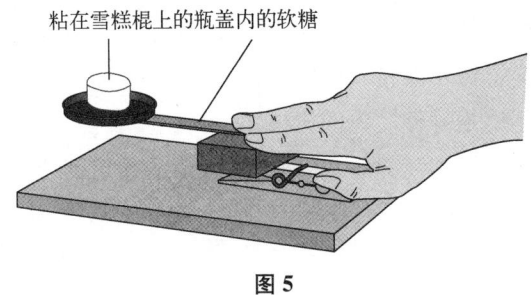

图 5

9. 在雪糕棍与木块黏合的地方向下压,压下晒衣夹的尾部(图 5)。
10. 松开手,使晒衣夹尾部张开,观察软糖飞出的情况。
11. 测量软糖的落地点到弹射器的距离。
12. 将测量结果记录在数据表中。
13. 用剩余的软糖继续实验,完成步骤 8—12,一共 10 次。

数 据 表

软　　糖	距　　离
1	
2	
3	
4	
5	

实验 2　制作弹射器

续 表

软　糖	距　离
6	
7	
8	
9	
10	

分　析

1. 计算弹射器弹射出软糖的平均距离(将你的测量结果加在一起,再除以 10)。
2. 怎样改进弹射器才能将软糖发射得更远?
3. 弹射器的基础是哪种简单的机械?
4. 画几张设计草图,展示利用其他材料制作的弹射器或发射器。

我们的发现

请参阅本书附录中的"我们的发现"。注意不要用弹射器发射任何硬物。

实验 3　制作并测试吊桥

| 简　介 |

　　吊桥是吊索下带有承重部分或下挂平台的桥。与其他类型的桥相比,吊桥的承载重量更大。吊索两端必须固定在合适的位置,这样其张力才能承载额外的负载量。吊桥所涉及的其他力还包括来自桥柱和桥塔的压力。所有这些力使得吊桥与其他类型的桥相比,其跨度可以更长。因此,吊桥能够更好地抵御地震。然而,工程师设计吊桥时还必须考虑一点,那就是吊桥随风的摇摆程度不能过大。著名的吊桥有纽约的布鲁克林桥和旧金山的金门桥。
　　在本实验中,你将建造一座简单的吊桥并测试其承载能力。

实验时间

1 小时

实验材料

- 7 根塑料吸管
- 4 枚大回形针
- 牙线
- 遮蔽胶带

- 剪刀
- 小纸杯
- 硬币
- 尺
- 2张桌子
- 2把带直靠背的椅子
- 1张纸
- 钢笔或铅笔

安全提示

请仔细阅读并遵守本书前面的"实验前必读"中的"安全准则"。

实验步骤

1. 从一个吸管上剪下两段,每段大约3厘米长。
2. 用胶带将两段长吸管与一截短吸管粘在一起(图1)。
3. 用胶带将长吸管的顶端粘在一起(图2)。

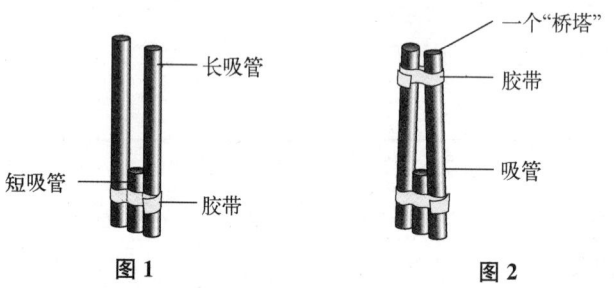

图1　　　　　图2

4. 重复步骤2—3。它们就是你的吊桥的桥塔。
5. 将每一个桥塔用胶带粘在桌子的一端(图3)。
6. 将回形针部分不完全伸直(图4)。
7. 用回形针的两端刺穿小纸杯的上缘(图5)。

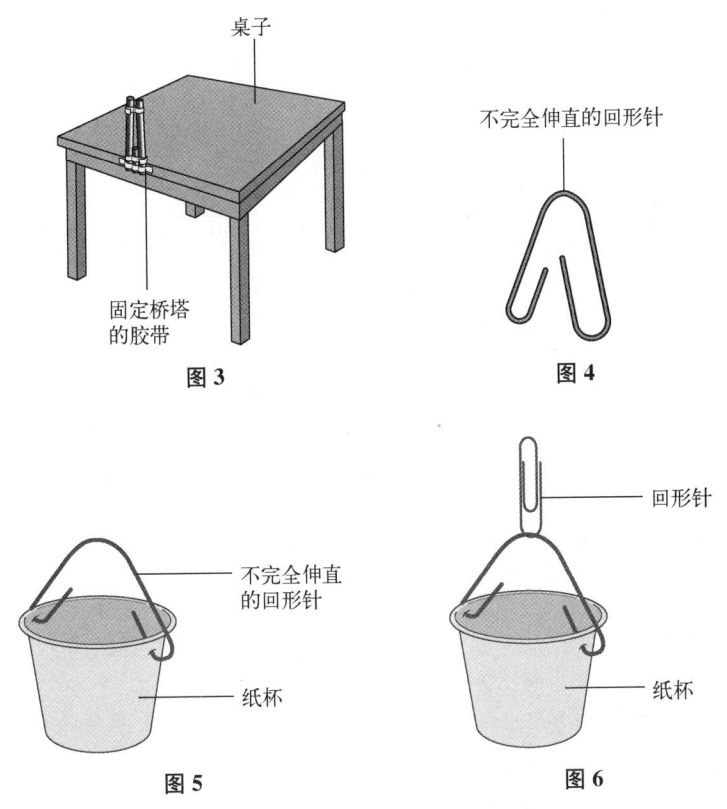

图3　图4　图5　图6

8. 在部分弯曲的回形针中央再挂上一枚回形针(图6)。

9. 移动两张桌子,使它们之间的距离大约17厘米。

10. 在下面挂着回形针/纸杯组合的回形针中放入一根长吸管(图7)。

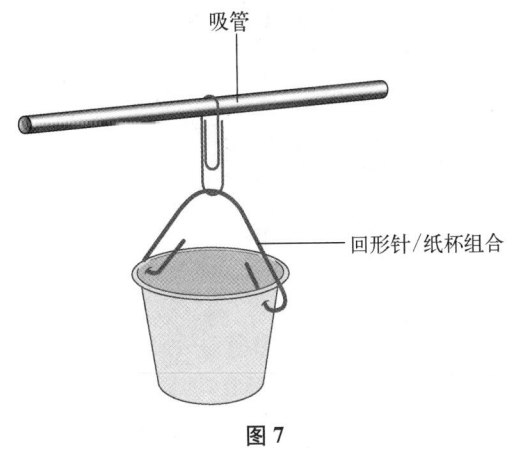

图7

实验3　制作并测试吊桥

11. 将这根长吸管搭在每个桥塔的两根长吸管之间的短吸管上(图8)。这代表梁桥。

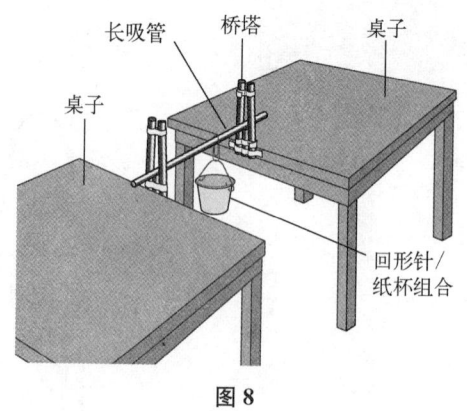

图 8

12. 在纸杯中不断加入硬币,直到吸管弯曲。这就是负载测试。
13. 记录你加入的硬币数目。
14. 从纸杯中清空硬币。
15. 撤下吸管和回形针/纸杯组合物。
16. 将一个新吸管放在刚才相同的位置。
17. 剪一段大约100厘米长的牙线。
18. 将牙线的中心点系在吸管的中央位置(图9)。

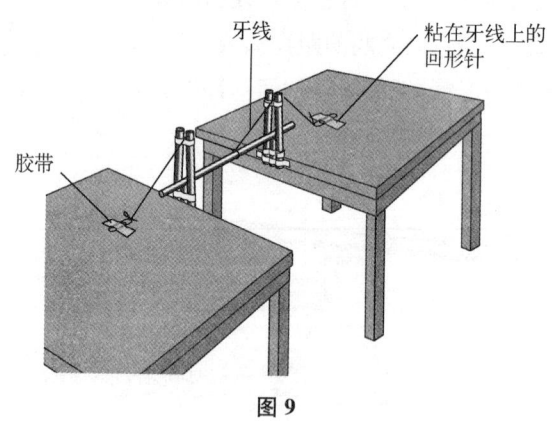

图 9

19. 使牙线的两端分别经过桥塔的顶端,具体位置就在胶带的上方(图9)。
20. 在牙线的两端各系上一枚回形针(图9)。
21. 将回形针用胶带固定在桌子上,使牙线绷紧(图9)。

22. 拿出你在步骤 6 中制作的回形针/纸杯组合物,将其挂在吸管吊桥的中央。

23. 利用向杯子里加硬币的方法,重复进行负载测试。

24. 不断向纸杯中加入硬币,直至吸管变弯。

25. 记录你加入的硬币数目。

分 析

1. 在第一座桥(梁桥)弯曲之前,你向纸杯中添加了多少枚硬币?

2. 在第二座桥(吊桥)弯曲之前,你向纸杯中添加了多少枚硬币?

3. 你认为为什么吊桥可以承受更多的重量?

4. 如果你既想增大吊桥的跨度,又不想改变桥的负载能力,你应该对桥的设计进行哪些改变?如果想增大吊桥的负载能力而不改变桥的长度,你在设计上又应该进行什么样的改变?

我们的发现

请参阅本书附录中的"我们的发现"。

实验 4　建造防震建筑物

简　介

　　土木工程包括道路、桥梁、机场、高楼和其他建筑等基础设施的规划、设计、建造和施工等工作。土木工程师要确保建筑物的设计合理,安全耐用,发挥正确效用,同时还要使其符合审美需要,并使工程支出不超出预算。这其中最重要的一点就是保证建筑物的安全。例如,土木工程师设计的建筑物必须抗震。当然,百分之百抗震的建筑并不存在,但工程师可以通过使用恰当的材料和预判地壳运动等方式来修建建筑物。特别是在大地震频发的地区,如加利福尼亚等地,工程师会通过在建筑物的地基内使用特殊结构、在墙体间筑入加固材料等方法来实现抗震目的。为了确保居民的人身安全,加利福尼亚有着严格的建筑规范。

　　在本实验中,你将制作一个抗震建筑模型,并测试其抗震性。如有必要,还可对你的设计进行调整。

实验时间

2 小时

实验材料

- 8个不带盖的纸鞋盒
- 2块约60厘米×60厘米的木板
- 6个高尔夫球
- 3根结实的超大号橡皮筋
- 32个小砝码(可以用金属圈代替)
- 32根烟斗清洁条
- 32根牙签
- 1卷透明胶带

安全提示

请仔细阅读并遵守本书前面的"实验前必读"中的"安全准则"。

实验步骤

1. 将高尔夫球放在2块木板之间,然后如图1那样用3根橡皮筋将它们固定在一起。这就是你的"震动台"。

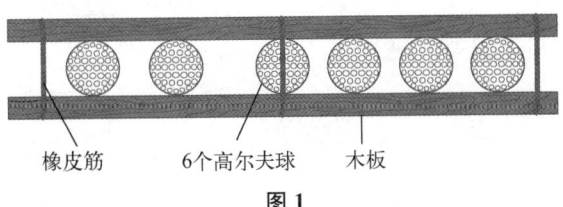

图1

2. 大力地前后晃动木板底部,来测试震动台的效果。这是在模拟地震。
3. 在震动台上放上2个鞋盒(图2)。
4. 用震动台模拟一场地震的发生。
5. 观察鞋盒是掉落下来还是留在原处。

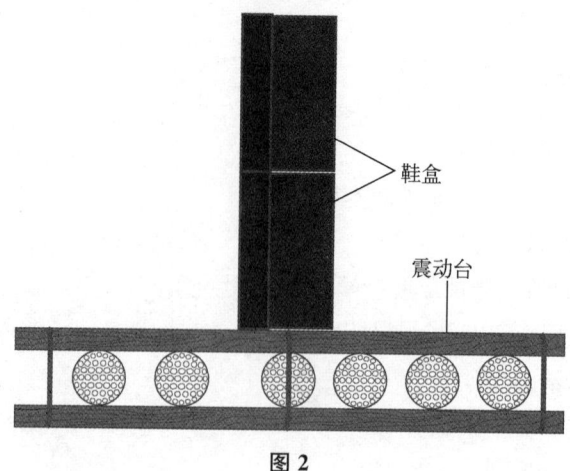

图 2

6. 记录你的实验结果。

7. 重复步骤 3—6，每次在木板上加放一个鞋盒。不断加放鞋盒，直到摇动震动台时鞋盒会掉落下来。

8. 利用工程学设计提出可能的方法，使震动台晃动时 8 个鞋盒不会掉落下来。不过，这 8 个鞋盒不能以任何方式粘在一起。你可以使用本实验为你准备的任何实验材料。

9. 从你的几种设计中选择一种最佳的解决方案。

10. 用可获得的实验材料制作一个模型，展示你的设计方案。

11. 将模型放在震动台上，测试它的抗震性。

12. 评价你的设计方案。

13. 如果你的设计效果不理想，可以尝试你的其他设计或重新设计最初的模型（在该模型基础上进行改进）。

分　析

1. 在你加入其他实验材料之前，晃动震动台时一共能够放上多少鞋盒而不掉落下来？

2. 你的第一个模型抗震性如何？例如，晃动震动台时是否 8 个鞋盒都不会掉落下来？

3. 在地震频发区，为什么工程师的建筑设计非常重要？

4. 除了安全性，工程师在设计中还必须考虑哪些因素？

我们的发现

请参阅本书附录中的"我们的发现"。

实验 5　设计降落伞

简 介

降落伞及其设计最早可以追溯到文艺复兴时期。意大利艺术家与发明家莱昂纳多·达·芬奇(Leonardo da Vinci, 1452—1519)虽然不是第一个绘制降落伞设计草图的人,但他却是最早画出能够承载一个人重量的降落伞恰当比例的人之一。后来,克罗地亚发明家浮士德·伍兰契奇(Faust Vrancic, 1551—1617)对达·芬奇的设计进行了改进。不过,在18世纪的法国,路易斯·塞巴斯蒂安·雷诺蒙德(Louis-Sebastian Lenormand)赋予了降落伞以现代设计。1797年,法国发明家安德雷·加纳林(André Garnerin, 1769—1823)首次成功完成跳伞。此后,很多发明家和工程师继续改进降落伞的设计。最终,人们发现降落伞是一种十分有用的军事工具,并在第一次世界大战中首次应用于火炮侦察机。

依据其用途,降落伞可分为多种类型。圆形降落伞主要用于产生空气阻力,从而减缓重物的下落速度。十字形或方形降落伞则用于阻止重物的前后运动。以音速降落时要使用带条形降落伞,这是因为在这样的速度下,常规降落伞无法发挥作用。最后,翼伞通常用来控制速度和方向,其作用与滑翔伞类似。不过,无论降落伞的形状和速度怎样,其作用都是降低物体的降落速度。

在本实验中,你将设计不同类型的降落伞,并测试它们降低降落速度的能力。

实验时间

60 分钟

实验材料

- 2 个结实的大塑料垃圾袋
- 剪刀
- 尺
- 4 根扎线
- 650 厘米的细绳
- 4 个金属垫圈
- 秒表
- 用于投放降落伞的安全高地(如二层的阳台或操场)

安全提示

请仔细阅读并遵守本书前面的"实验前必读"中的"安全准则"。

实验步骤

1. 将每个塑料垃圾袋沿着边缘和底部剪开,使其打开时成为一块大塑料布(图1)。
2. 从这2个塑料袋上剪下4块方形塑料布,尺寸如下:约20厘米×20厘米;约30厘米×30厘米;约40厘米×40厘米;约50厘米×50厘米。
3. 给每块方形塑料布的各个角打成结(图2)。
4. 将细绳剪成16等份,每段长约40厘米。
5. 将每根细绳的末端系在方形塑料布的每个角结上(图3)。

实验5 设计降落伞

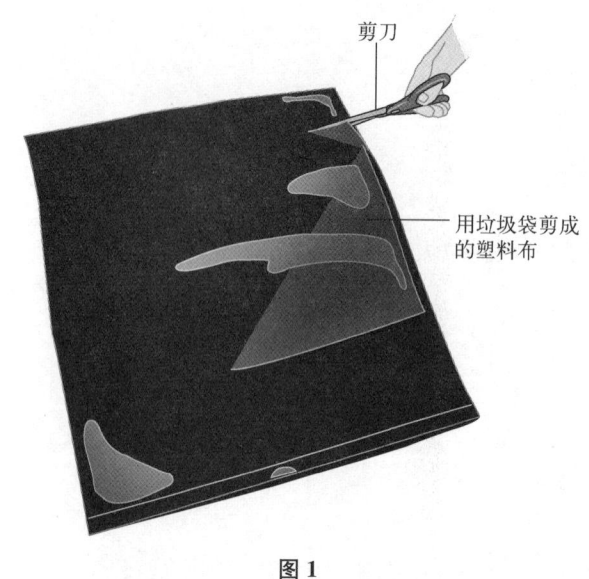

图 1

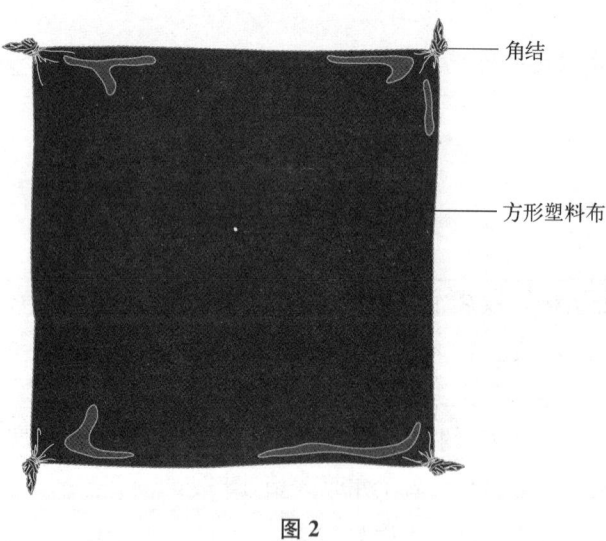

图 2

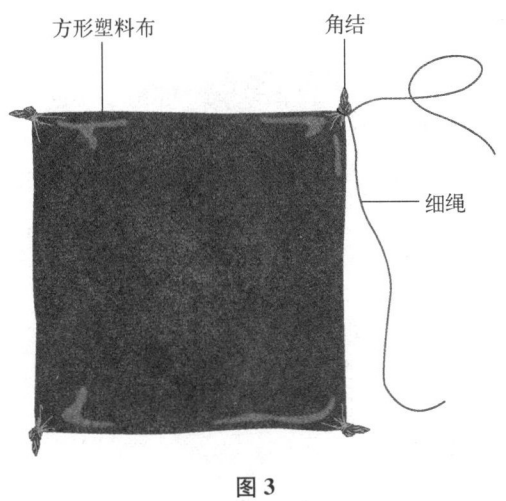

图 3

6. 将系在每块方形塑料布上的 4 根细绳的末端系在一起，以确保细绳垂下的长度相等（图 4）。

7. 在每一个金属垫圈内穿一根扎线（图 5）。

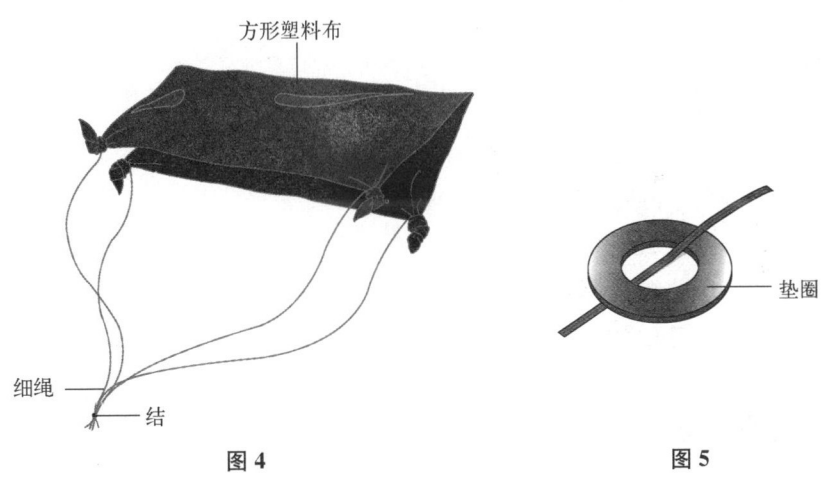

图 4　　　　　　　　　　　**图 5**

8. 把垫圈系在每套打好结的细绳下，使每块塑料布下的细绳末端都垂有一个垫圈（图 6）。

9. 找一个离地面 2 米的安全地带，并确保自己不会跌落下来。

10. 一手拿最小的降落伞，另一手拿秒表。

11. 放开降落伞的时候按下秒表。

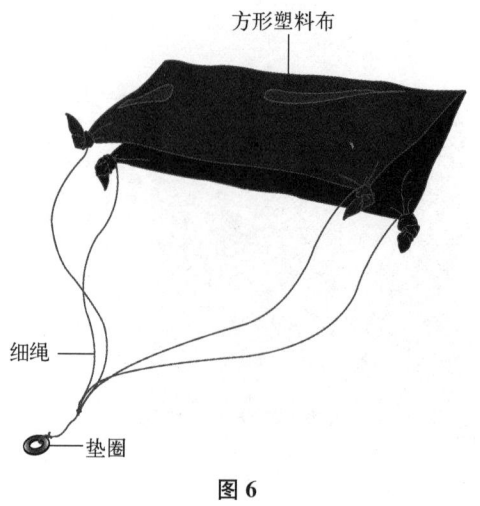

图 6

12. 降落伞落地的时候停下秒表。
13. 记录降落伞的降落时间。
14. 用其他降落伞重复步骤 10—13，确保降落伞每次都从同一高度降落。

分　析

1. 哪个降落伞的降落速度最快？为什么？
2. 哪个降落伞的降落速度最慢？为什么？
3. 降落伞为什么会降落？
4. 绘制一个曲线图，X 轴是降落秒数，Y 轴是降落伞的表面积（平方厘米）。请观察降落伞的表面积和降落时间的关系如何？

我们的发现

请参阅本书附录中的"我们的发现"。

实验6　示范人造卫星轨道

简　介

轨道就是一个物体绕着另一物体运动时所经过的曲线路径。人们普遍认为，德国数学家、天文学家约翰尼斯·开普勒（Johannes Kepler，1571—1630）最先阐述了开普勒第一定律：行星绕行太阳运行的轨道是椭圆形的。根据轨道运动物体与地心引力源的距离，物体需要维持一定的速率，才能在椭圆的轨道上运行。开普勒是成功挑战"地球是太阳系的中心"说法的第一人。开普勒的行星定律使人们了解，行星在以不同的速率围绕太阳运行。他的定律也为现代天文学和物理学奠定了部分基础。

在本实验中，你将制作轨道模型，调整轨道运动物体的速率，建立一个圆形轨道。

实验时间

30分钟

实验材料

- 1张床单
- 1条约3米的结实绳子

- 一个较大的圆形垃圾桶
- 棒球
- 高尔夫球
- 弹球
- 卫生纸卷中的纸筒
- 剪刀

安全提示

请仔细阅读并遵守本书前面的"实验前必读"中的"安全准则"。

实验步骤

1. 将床单覆盖在垃圾桶的上缘。
2. 用一根绳子将床单系在垃圾桶的合适位置,确保床单表面已经抻平(图1)。
3. 将棒球放在抻平的床单中间。
4. 将纸筒沿纵向剪开(见图2)。

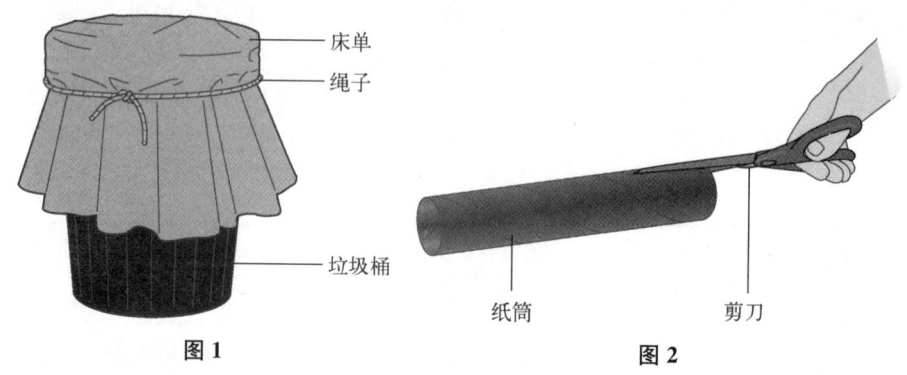

图1　　　　　　　　图2

5. 把纸筒的一半当成发射器,使一个高尔夫球沿着纸筒向下滚动到垃圾桶上覆盖的床单的圆形区域边缘(图3)。
6. 调整拿纸筒的高度和角度,再重复步骤5,直到高尔夫球能够沿着以棒球为中心的圆形轨道运动为止。

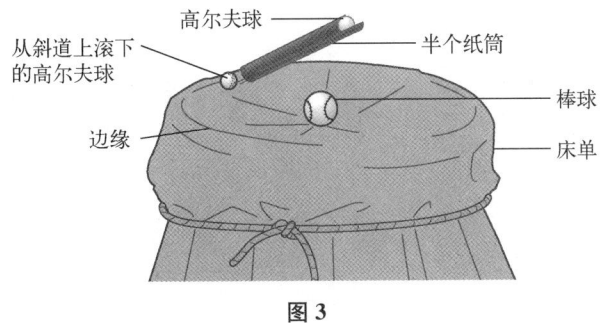

图 3

7. 用弹球重复步骤 5—6。

分　析

1. 你是否注意到当纸筒的角度和高度不同时,高尔夫球或弹球的速度有所差异?你能否指出将球"发射"入轨道的最佳角度和高度?
2. 棒球代表什么?高尔夫球和弹球代表什么?
3. 为什么不同的物体围绕太阳运行时其速度不同?

我们的发现

请参阅本书附录中的"我们的发现"。

实验 7　制作水坝工作模型

简　介

　　水坝是用于拦蓄水的建筑物。早在古代,人们就已经会修建水坝。在美索不达米亚和罗马帝国时代,就可以找到人们应用水坝的证据。如今,水坝总是和水力发电厂息息相关,因为水压和水流都可用来发电。此外,水坝还有其他用途,如灌溉、建成水库和减少洪灾危险等。干坝的作用是控制洪水,而建造分水坝的目的则是改变河流的流向。节制坝可以减少水流,从而阻止严重的土壤腐蚀。溢流坝和鞍形坝可用于蓄水。水坝不但可按用途分类,也可按照结构分类。正如其名,拱坝以拱形作为其设计的一部分,从而使坝体更加坚固。重力坝是依靠自身的重量和体积来抵抗外力。土石坝是由压实的土料和石料修建而成。围堰坝通常用于水工建筑中,而木坝则是木制的。此外,我们也不能漏掉海狸用泥浆和树枝筑成的海狸坝,这种堤坝可以为其提供食物和容身之所。

　　在本实验中,你将制作一个或几个水坝模型,并把水坝顶端的水压与水坝底部的水压进行对比。

实验时间

　　1.5 小时—2 小时

实验材料

- 1个2升的塑料瓶
- 1根吸管
- 1小块制作模型用的橡皮泥
- 锋利的剪刀
- 黑色记号笔
- 30厘米的尺
- 漏斗
- 连接自来水的水槽
- 钢笔或铅笔
- 1张带格纸
- 1个透明的大塑料储藏箱
- 能装满储藏箱的沙子
- 约8—10块小石块
- 约20根雪糕棍

安全提示

请仔细阅读并遵守本书前面的"实验前必读"中的"安全准则"。

实验步骤

1. 在距塑料瓶底部约2.5厘米的位置用剪刀小心地戳一个洞（图1）。
2. 将吸管剪下约7.5厘米。
3. 将剪下的吸管插入塑料瓶的洞中。
4. 用橡皮泥将吸管与小洞的接合处封好，防止从小洞的边缘漏水（图2）。
5. 用黑色记号笔在吸管以上的位置标出如下刻度：5厘米、10厘米、15厘米和20厘米（图3）。

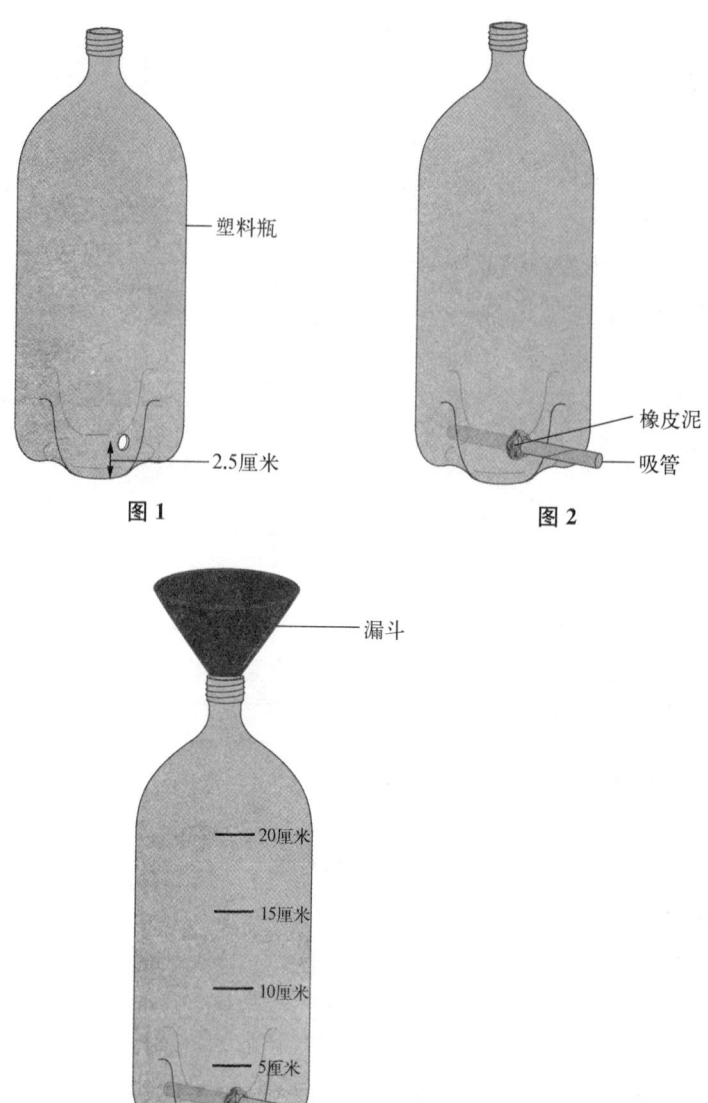

图1
图2
图3

6. 把漏斗放入塑料瓶的瓶口。
7. 把塑料瓶放在水槽内的水龙头下。
8. 用你的手指堵住吸管的一端。
9. 以低压打开水龙头,将瓶子灌满。
10. 不要把手指从吸管的端口处拿开,将塑料瓶拿出水槽,放在平整的地面上。注意不要让溅出的水淋湿旁边的物体。

11. 放好尺子,使尺子的 0 刻度位于吸管的顶端(图 4)。

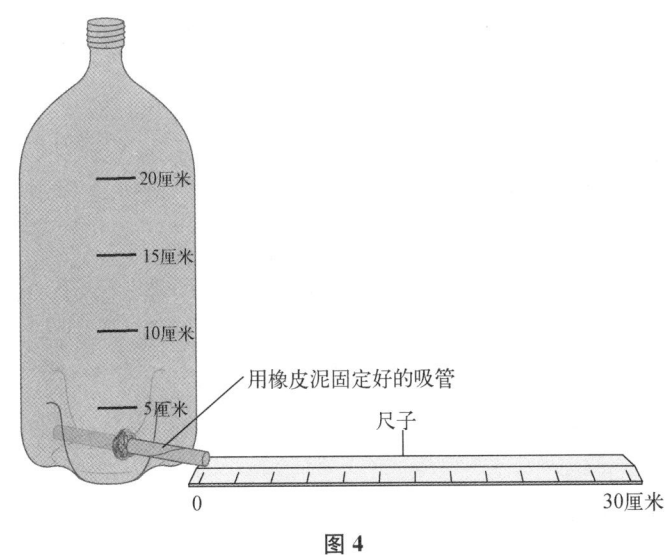

图 4

12. 将手指从吸管末端拿走。

13. 仔细观察塑料瓶。当水平面下降到 20 厘米的刻度时,观察尺子上水流射出的距离。

14. 将这一数据记录下来。

15. 当水平面降到其他刻度时,重复步骤 13—14。

16. 注意:拦截了大量水流的水坝会在坝底形成更大的水压。正是由于这个原因,水坝的底部通常都比较宽阔。

17. 运用从这个实验的简介部分所获得的知识,制作一个河流和水坝模型。

18. 在储藏箱中装满沙子。

19. 在中间部分将沙子弄湿。

20. 用手在沙子中间挖一个长度与储藏箱相等的较深河床(图 5)。

21. 用小石块和雪糕棍在河床中间设计并制作一个水坝。注意:要让河床仅能使少量水流过。

22. 向河床中倒水,并观察你的水

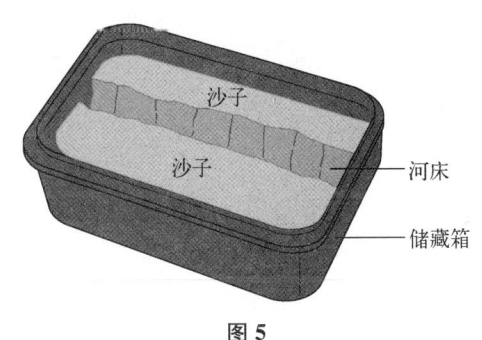

图 5

实验 7 制作水坝工作模型　31

坝是否有效。

23. 评价实验结果，并对你的设计进行改进。
24. 重复步骤 21—23，制作一个不让水流过的水坝模型。

分　析

1. 水在哪一刻度射出的距离最远？
2. 这向我们展示了关于水压的哪些问题？
3. 水坝的底部为什么通常都比较宽阔？
4. 你的水坝设计是否成功？为什么？

我们的发现

请参阅本书附录中的"我们的发现"。

实验8 制作"沥青"

简 介

人们每天在它上面驾车,在它上面步行或骑自行车,你还可能弯下腰来看看它是用什么制成的。"它"就是沥青,一种又黏又稠的黑色焦油状物质,在铺设道路时用于将小石块粘在一起。当沥青受热时,它会变成黏稠的液体,但当被冷却时,则会逐渐变硬,最后形成固体。道路通常是由石块和沥青的混合物铺设而成,这时的沥青就起到黏合剂的作用。由于道路条件和气候不同,铺设道路时使用沥青与石块的数量、石块的种类和大小都会有所不同。在远古时期的中东地区,人们在建造房屋时把天然沥青当作石灰使用,用来把物体粘在合适的位置,或用于防水。古埃及人有时还在把尸体制成木乃伊的过程中使用沥青。世界上其他地区的人们也使用沥青。如印第安人把沥青作为黏合剂使用。而美国人早在1870年就在铺设道路时使用了沥青。如今,在美国,大部分沥青都被制成了沥青混凝土,用于道路建设。沥青混凝土的典型配比是5%的沥青配95%的砂石——石块、沙砾和沙子的混合物。幸运的是,沥青可以循环使用。所以,一旦道路被拆除,沥青还可以在铺设新道路时重新使用。

在本实验中,你将用巧克力模拟沥青,制作一种可以黏合"砂石"的黏稠热液体。

实验时间

40 分钟

实验材料

- 1/3 杯(77 克)可可粉
- 1/2 杯(118 毫升)牛奶
- 1 条黄油
- 2 杯(460 克)糖
- 火炉
- 大金属锅
- 大搅拌勺
- 大碗
- 擀面杖
- 量杯若干
- 2 张蜡纸,每张约 30 厘米×60 厘米
- 1/2 杯(115 克)碎核桃仁
- 1/2 杯(77 克)碎巧克力
- 1 杯(230 克)快煮燕麦
- 1 杯(230 克)老式燕麦

安全提示

请仔细阅读并遵守本书前面的"实验前必读"中的"安全准则"。建议在成人监督下对食物进行加热。对某些食物过敏或患有糖尿病的学生不要食用可能对健康造成危害的食物。

实验步骤

1. 将 1/3 杯可可粉、1/2 杯牛奶、1 条黄油和 2 杯糖放入大金属锅,用中火加热,直到混合物变成黏稠的柔和液体(图 1)。这种液体就好比 149℃下的沥青。

图 1　　　　　　　　　　　　图 2

2. 将 1/2 杯核桃仁、1/2 杯碎巧克力、1 杯快煮燕麦和 1 杯老式燕麦放在大碗中。在真正的沥青中,人们会根据天气和铺设道路的地域不同而使用不同种类和大小的石块。

3. 将所有干原料混合在一起。

4. 将巧克力沥青倒入碗中。

5. 用搅拌勺搅拌,直到所有原料都裹上巧克力(图 2)。当混合物冷却下来,由于变硬而更难搅拌,这与沥青冷却下来的状况相同。

6. 用汤匙从碗中取出混合物,并将其放在一张蜡纸上(图 3)。

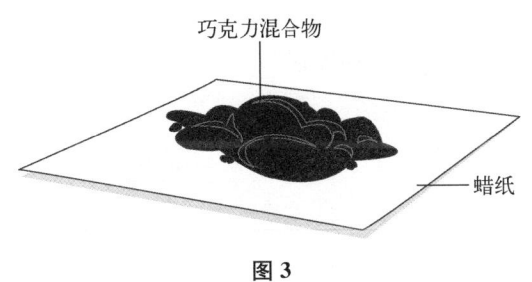

图 3

7. 将另一张蜡纸放在巧克力混合物的上面(图 4)。

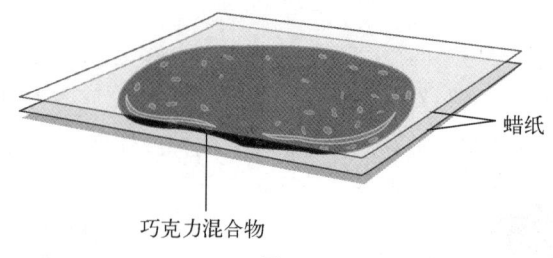

图 4

8. 用擀面杖隔着蜡纸将巧克力"沥青"擀成不超过 1 厘米的厚度。真正的沥青用压路机铺开,这样可以保证将空气挤出混合物,使沥青更加坚实。

9. 将手放在蜡纸上,感觉它的热度。这就好比真正的沥青,被压路机压过之后温度仍然很高。

10. 当巧克力"沥青"冷却后,揭下蜡纸。

11. 请观察:那些用来制作巧克力"沥青"的各种材料依然可见。

12. 吃掉巧克力"沥青",来享受一下吧!

分 析

1. 这个实验是如何模仿铺设沥青的?
2. 将巧克力混合物加热的目的是什么?为什么不能只加热干的原料?
3. 道路铺设属于工程中的哪一个领域?在我们日常生活中,还有哪些活动归属于这个领域?

我们的发现

请参阅本书附录中的"我们的发现"。

实验9 制作全尺寸气垫船

简 介

英国造船专家约翰·艾萨克·霍尼戈夫(John Isaac Thorneycroft, 1843—1928)爵士发现，当船体被充入空气，行船的速度就会更快。然而霍尼戈夫并不知道，这就是发展气垫船的第一步。后来，英国工程师克里斯托弗·西德尼·科克雷尔(Christopher Sydney Cockerell, 1910—1999)爵士进一步深化了这一概念，发明了第一艘真正意义上的气垫船。他的目标就是设计出一种既能飘在空中，又能浮在水面的实用船。他的想法是空气可以推动船前行，从而减少水和船之间的摩擦力。科克雷尔利用吹风机、马口铁罐头和家中能够找到的一切物品测试了自己的理论。他尝试把小罐头盒放在大罐头盒中，然后用吹风机向罐头盒中注入空气。他发现，当把一个罐头盒放在另一个中时，空气产生的向下的力要比单独使用一个罐头盒时更大。

最后，科克雷尔基于自己的想法建造了一艘全尺寸模型船，并因此获得了一项专利。1959年，他的模型船下水试航。该船能够承载4个人，航速可达45千米/小时。他的船获得了巨大成功，旅客甚至可以搭乘该船穿越英吉利海峡。

气垫船基本上就是一种以空气为垫衬的交通工具，它可以依靠向下压入的高压空气行驶在光滑的表面上。如今，这种船既可民用又可军用，可以搭载旅客或运送大型设备。每艘气垫船都有围裙——一种船底周围的挡板。发动机先向船下注入高压空气,然后高压空气被阻留在围裙之下,从而使船体升高。这样,气垫船就能够在陆地和水面上行驶。而这也是气垫船被称为两栖交通工具的原因。此外,气垫船还适应于各种艰险崎岖地形,如沼泽地等。

你可以循着一位著名工程师的足迹,建造一艘能够载人的全尺寸气垫船。在本实验中,你将制造一艘属于自己的气垫船。完成这项实践活动后,你将了解如何设计制造这种多用途的交通工具,并拥有属于你自己和朋友的快乐乘船体验。

实验时间

1 小时

实验材料

- 1 张胶合板圆盘,周长 120 厘米,厚 1 厘米左右
- 1 张塑料布,例如油漆店内保护家具、地板的塑料罩单或旧的塑料浴帘。大小要比胶合板大 30 厘米左右
- 带压气机出口的吹风机,最好是装电池的
- 直径约 15 厘米、厚约 0.3 厘米的小塑料圆盘,如咖啡罐的盖子等
- 5—6 个短的木螺丝钉
- 2 个垫圈
- 大片空旷地带上的一块光滑地面,比如体育馆或篮球场地
- 电动刀锯
- 剃刀
- 带钉的钉枪
- 电动螺丝刀
- 封管胶带
- 卷尺

- 钢笔或铅笔
- 一位成年人
- 另一个同伴

安全提示

安全警示：必须由成年人来操作动力工具，如电动刀锯、钻孔机、吹风机和其他如钉枪之类的工具。请当地木工场帮你将各种材料切割到合适尺寸，不要自己来完成这些工作。使用锋利工具时要格外小心，如剃刀、刀子和剪刀等。请仔细阅读并遵守本书前面的"实验前必读"中的"安全准则"。

实验步骤

1. 使用卷尺和钢笔，在大胶合板圆盘上标出中心点。
2. 使用同样工具，标出圆盘中心点到边缘的中间记号（图1）。

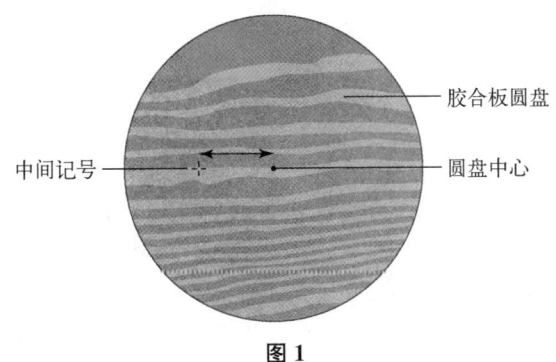

图1

3. 用吹风机的风筒口覆盖住中心记号，并用笔画出风筒口底部的圆轮廓。
4. 请一位成年人帮你从胶合板上沿着你画下的吹风机风筒口轮廓切出一个小洞（可以使用钻孔机或锯）。
5. 将胶合板圆盘放在塑料布上。

实验9 制作全尺寸气垫船

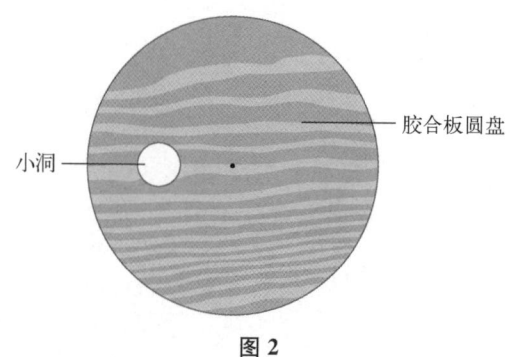

图 2

6. 将塑料布沿着胶合板的边缘向上折好。让一位成年人用钉枪把塑料布钉紧在合适的位置，注意不要损坏塑料布（图3）。

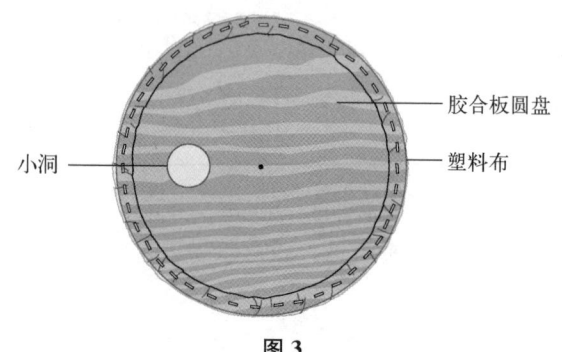

图 3

7. 把胶合板翻过来（必须有同伴帮助你）。
8. 把塑料的小咖啡罐盖放在胶合板覆盖着塑料布的一面的中心。

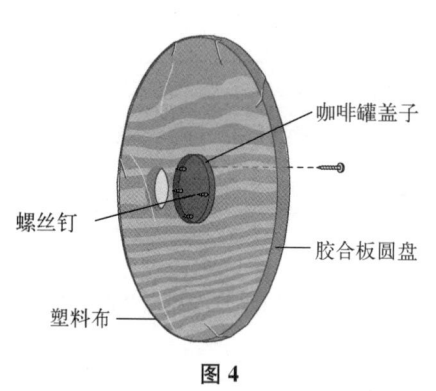

图 4

9. 请一位成年人用电动螺丝刀使螺丝通过咖啡罐盖子嵌入胶合板未被塑料布覆盖的一面，把盖子固定在胶合板上（图4）。螺丝应排列在塑料盖子的边缘一周。

10. 放下胶合板，使覆盖塑料布的一面向上。

11. 请一位成年人使用剃刀，围绕着塑料盖，在距离其 5—7.5 厘米的塑料布上切出 6 个通风孔。每个孔的直径约为 5 厘米(图 5)。

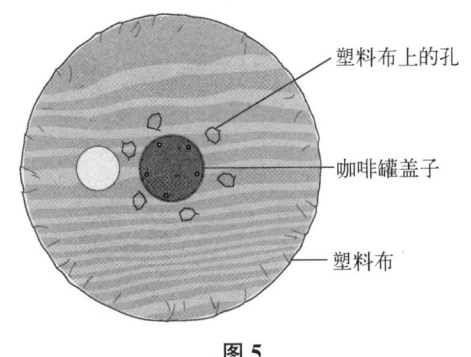

图 5

12. 将封管胶带撕成小条,粘在通风孔之间,以防撕坏塑料布。

13. 将胶合板翻过来,使未覆盖塑料布的一面向上,放在地上。

14. 将吹风机放在胶合板上方,使吹风机的风筒口穿过胶合板的小洞。

15. 用封管胶带将吹风机的风筒口粘好。

16. 你已做好了一艘气垫船!请几个人将气垫船抬起,使其离开地面约 7 厘米的距离。

17. 打开吹风机,使塑料布中充满空气。

18. 观察你的气垫船!

分析

1. 在你的气垫船中,什么是"发动机"?
2. 什么材料构成了"围裙"?
3. 请解释你的气垫船是如何工作的?
4. 为什么使用吹风机来充当气垫船的发动机不合适?
5. 如果你是一位气垫船工程师,你会在设计中进行哪些改进?这些改进的目的是什么?

我们的发现

请参阅本书附录中的"我们的发现"。

实验10　测试不同建筑材料的耐久力

简　介

建筑物可由不同种类的材料建造而成。每一工程所选用的材料都要考虑建筑物的用途、高度、当地的建筑规范和审美等多项因素。工程师一定要先对工程进行测定,选择最佳且最划算的材料,确保在一定的预算范围内建造出最安全的建筑物。对于一些小工程或出于审美的原因,人们通常使用砌砖和摊铺机。在古代,砖由经过塑型和烘干的泥浆制成,并通常经过高温烧制以增强其强度和耐久力。如今,尽管人们制砖时可以选用页岩、硅酸钙、混凝土或石块,但最通常使用的还是黏土。根据砖的原材料不同和它们烘干或加热的方式不同,砖的强度和样貌也不相同。

在本实验中,你将测试几种砖和摊铺机的强度,并测定哪种材料最坚硬。

实验时间

60分钟

实验材料

- 一个可以向下落砖的二层阳台

- 15 块水泥铺石
- 15 块水泥砖
- 15 块耐火砖
- 15 块水泥砖
- 钢笔或铅笔
- 尺子
- 砝码(也可以用事先称重后标好重量的石块代替)
- 桶
- 约 60 厘米的绳子
- 2 个锯木架(也可用 2 把长凳或其他结实的、有凸起平面的工具代替)

安全提示

请仔细阅读并遵守本书前面的"实验前必读"中的"安全准则"。必须确定阳台下没有人时才能从上面掉落砖块。建议使用警示牌使其他人远离这一区域。建议在成人监督下操作。

实验步骤

1. 从二层阳台扔下 1 块砖。
2. 数一下大于 2.5 厘米的碎块有多少。
3. 将你的观察结果记录在数据表中。
4. 再重复 4 次步骤 1—3。
5. 使用其他 3 种砖或水泥铺石,重复步骤 1—4。
6. 将 1 块砖放在 2 个锯木架之间(图 1)。
7. 将绳子绑在砖上,使其一端悬垂下来(图 2)。
8. 将桶系在绳子的另一端。
9. 持续给桶加重,直到砖块断裂,记录总重量。不过,很可能桶已经装满了,但一种或多种砖块并没有断裂。如果这样的话,请在数据表上记录砖块没有断裂。

图 1

图 2

10. 记录使砖块折断的重量。
11. 清空水桶。
12. 多次重复步骤 6—11。
13. 用其他种类的砖块或水泥铺石重复步骤 6—11。
14. 计算数据表中测量的平均值。

数 据 表

材　料	从阳台掉落后所成碎块的数量	砖块断裂所需的重量
黏土砖 1		
黏土砖 2		
黏土砖 3		
黏土砖 4		
黏土砖 5		
平均值		
水泥铺石 1		
水泥铺石 2		
水泥铺石 3		
水泥铺石 4		
水泥铺石 5		
平均值		
耐火砖 1		

续 表

材　料	从阳台掉落后所成碎块的数量	砖块断裂所需的重量
耐火砖 2		
耐火砖 3		
耐火砖 4		
耐火砖 5		
平均值		
水泥砖 1		
水泥砖 2		
水泥砖 3		
水泥砖 4		
水泥砖 5		
平均值		

分　析

1. 砖块越坚硬,掉落时所成的碎块数量就越少。测试后,哪种砖是最坚硬的?哪种砖的硬度最低?

2. 硬度高的砖承重能力更好,这点在建造大型建筑物时特别重要。哪种砖或水泥铺石在断裂前的承重能力最强?哪种砖的硬度最差,承受的重量最少?

3. 根据你的观察结果,你认为用哪种材料建造建筑物的强度最好?

4. 所有砖块或水泥铺石都是用来承载重量或力的吗?请解释原因并给出一些例子。

我们的发现

请参阅本书附录中的"我们的发现"。

实验 11　测试声音屏障的有效性

> **简　介**

声音实际上是由声波组成,它可以通过固体、液体和气体传播,但在真空中不能传播。经过声波的震动后,我们才能听到声音。声波分为纵向波、压缩波以及横波。与其他波一样,声波有频率、波长、周期、幅度、速度和方向。声音以分贝(dB)作为测量单位。测量分贝的最重要目的是减少噪声。

科学地研究声音吸收和反射的学科叫作声学。声学工程是工程学的特殊分支,它主要研究声学技术的应用。声学可被用于音乐厅等公共场所来增强音量,或者是降低分贝,以减少噪声污染。每天繁忙的公路上车来车往,这导致了太多的噪声污染。为了减少这些污染,工程师们设计出声音屏障来阻隔超过允许的噪声,从而帮助当地居民来降低噪声分贝。

在本实验中,你将检测距离你较近的公路的噪声分贝,并测试不同类型的声音屏障的有效性。

> **实验时间**

2 小时

实验材料

- 2个带有校准器的数码分贝计
- 1个安全帽
- 1个安全背心
- 约10米的长胶带
- 车流稳定的公路
- 1个搭档
- 几张纸
- 2支钢笔
- 秒表或手表

安全提示

请仔细阅读并遵守本书前面的"实验前必读"中的"安全准则"。在靠近车流的地方做实验时要小心谨慎。建议在成人监督下完成实验,并获得当地警察局的许可。

实验步骤

1. 白天到达公路,在公路附近找一块不设有声音屏障的安全地带。
2. 穿上安全背心,戴上安全帽。安全帽能够保护你的头不被车辆驶过时溅起的小石子打到,安全背心则能够使驾驶员更清楚地注意到你。
3. 在离公路约5米的地方放置一个数码分贝计。
4. 根据数码分贝计的说明书来校准仪器。
5. 让你的搭档在距离你5米远的地方重复步骤3—4,这样第二个分贝计距离公路有约10米远。
6. 在10分钟内,你和你的搭档要每隔30秒记录下你们的分贝计测到的平均声级和最大声级。一共记录20个平均声级和20个最大声级。

7. 沿公路向前或向后走，找到一个公路旁的混凝土声音屏障，将仪器放置在这里。

8. 重复步骤 2—6。

9. 在公路附近找到以大量树木和灌木丛作为声音屏障的地方，将你的实验地点移动到这里。

10. 重复步骤 2—6。

11. 找到公路上以护墙作为声音屏障的地点，在这里进行实验。

12. 重复步骤 2—6。

分　析

1. 当分贝计在有声音屏障和没有声音屏障的路段上进行测量，读数有没有不同？

2. 哪种声音屏障能最大限度地降低噪音？

3. 将仪器放在距离声音屏障和公路约 10 米开外的地方，测量结果会有变化吗？如果有变化，是什么样的变化？

4. 为什么要在公路附近修建声音屏障？

5. 依你看来，用什么材料可以建造出更好的声音屏障？你观点的依据是什么？

我们的发现

请参阅本书附录中的"我们的发现"。

实验 12　制作风车

简　介

　　风车是收集风能且将其转化成动能尤其是转动能的机械装置。在过去,它广泛应用于电磨厂、锯木厂和造纸厂中。实际上,风车的起源可以追溯到 9 世纪的波斯国。根据风车轴的不同,风车可分为几种类型,其中包括垂直轴风车、固定的水平轴风车和随风转动的水平轴风车。据说,几个流行的短语也源于风车的使用方法。当风停时,风车也停止转动,磨机就不会再磨谷粒,因此就产生了"停止运转"这样的表达方式。有人认为,将谷粒放到大拇指和另一根手指之间摩擦,就能判断出谷粒的优劣,这样又产生了另一个表达方式——"凭经验而论"。然而,现如今风车被重新利用起来是因为它能收集一种可再生资源——风能——来发电。不过,现今风车的设计和过去的有很大区别,现在的很多风车都被修建在便于收集风能的地方,组成"风力发电场"。

　　在本实验中,你将制作一个风车模型,并考虑如何改进你的设计。

实验时间

35 分钟

实验材料

- 1张任何颜色的可制卡片的纸料
- 剪刀
- 1小块制作模型用黏土
- 1个大号的一次性塑料杯
- 1根未削过头的、带橡皮的新铅笔
- 钢笔
- 尺子
- 图钉

安全提示

请仔细阅读并遵守本书前面的"实验前必读"中的"安全准则"。

实验步骤

1. 在卡片纸上画出风车轮叶的样板(图1)。

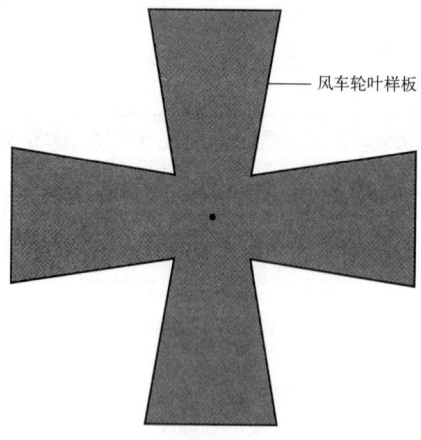

图1

2. 从卡片上剪下风车轮叶的样板。

3. 用钢笔在倒置的塑料杯子底部中心戳孔(图2)。

4. 将铅笔插入杯底的小孔,带橡皮的一端露在外边。从橡皮处开始算起,这部分铅笔要高于杯底约15厘米(图3)。

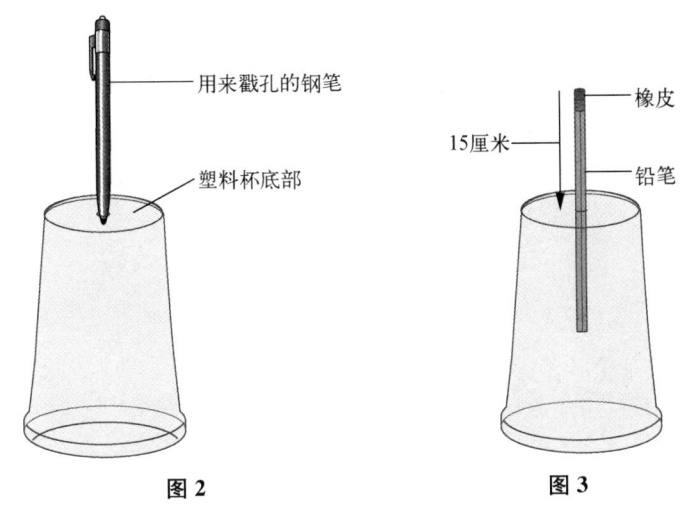

图2　　图3

5. 用黏土在杯底的内部和外部将铅笔粘牢(图4)。

6. 将图钉穿过风车轮叶的中心,然后钉在橡皮中(图5)。

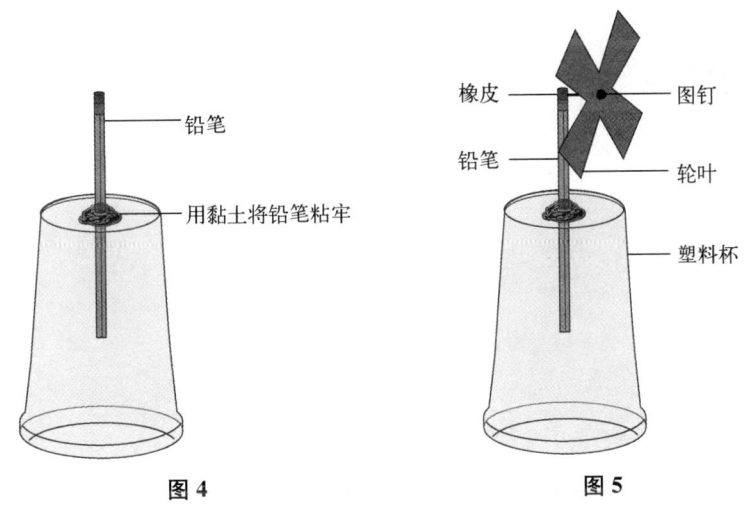

图4　　图5

7. 将风车的每一个轮叶都向同一方向轻轻折一下(图6)。

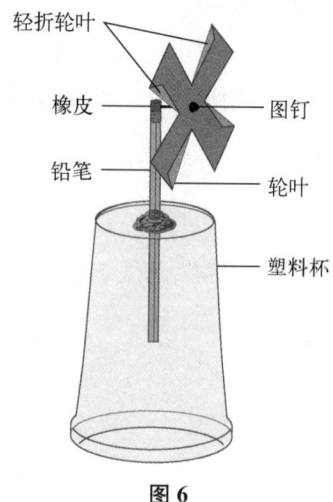

图 6

8. 吹动风车轮叶。

分　析

1. 你的风车的转动情况如何？
2. 如何改变风车轮叶的设计才能使它转得更快？
3. 风车有哪些用途？

我们的发现

请参阅本书附录中的"我们的发现"。

实验 13　制作水车

简　介

水车已经存在了几百年。在美索不达米亚、罗马帝国、中国、印度、中世纪欧洲和现代欧洲都有使用水车的记录。水车最常用于制造厂。比如，在面粉厂和造纸厂中，人们用它移动大石块，然后来研磨东西。水车通常由一个大金属轮或木轮、众多桨页、叶片或截获流水从而使轮子转动的水桶组成。水车是根据流水的击打方式来进行分类的。水车的种类有横轴水车、下射式水车、前射式水车、上射式水车和后射式水车等。

在本实验中，你将制作一个水车，借助水的压力来检测它的载重移动能力。

实验时间

1—2 小时

实验材料

- 至少约 60 厘米×60 厘米的波状纸板或发泡板
- 24 个图钉

- 钢笔或铅笔
- 木签
- 画圆的圆规
- 量角器
- 剪刀
- 尺子
- 自来水
- 约 30 厘米长的绳子
- 装鸡蛋的空泡沫纸盒
- 3 或 4 个硬币

> **安全提示**
>
> 请仔细阅读并遵守本书前面的"实验前必读"中的"安全准则"。

实验步骤

1. 在纸板上剪出 10 个约 4 厘米×5 厘米的小纸块。
2. 用圆规在纸板上画出 2 个直径均为约 15 厘米大小的圆。
3. 剪下这两个圆。
4. 分别在两个圆的圆心戳孔。
5. 在纸板上画出水车支撑架的样式,并剪下 2 个模型(图 1)。
6. 在纸板上画出水车支撑梁的样式,并剪下 2 个模型(图 2)。
7. 使用量角器,在画好的圆上每隔 40°做一个标记(图 3)。
8. 用图钉将 10 个已剪好的小纸块固定在标记好的位置上(图 4)。
9. 将 10 个小纸块与另一个圆相连接(图 5)。
10. 通过两个圆的圆心插入木签(图 5)。
11. 用图钉把水车支撑梁钉在水车支撑架上,这样你做的支架就会自己站立起来(图 6)。

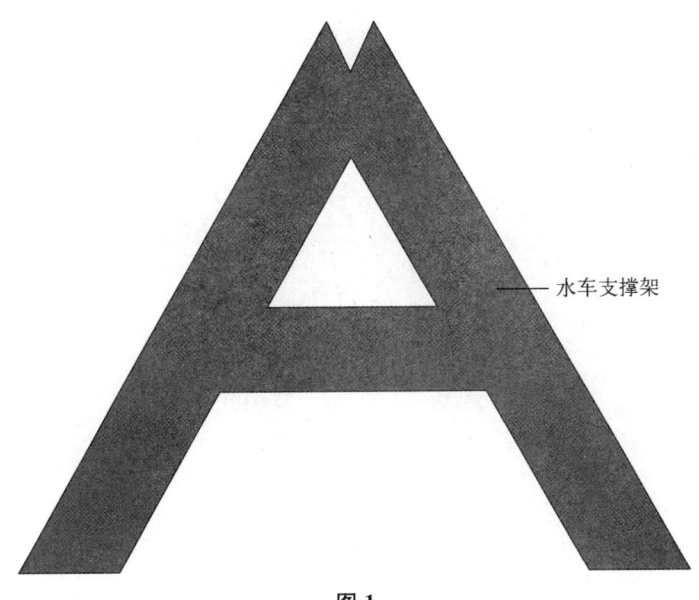

图1 —— 水车支撑架

图2 —— 水车支撑梁

图3 40°间隔 —— 纸板做的圆

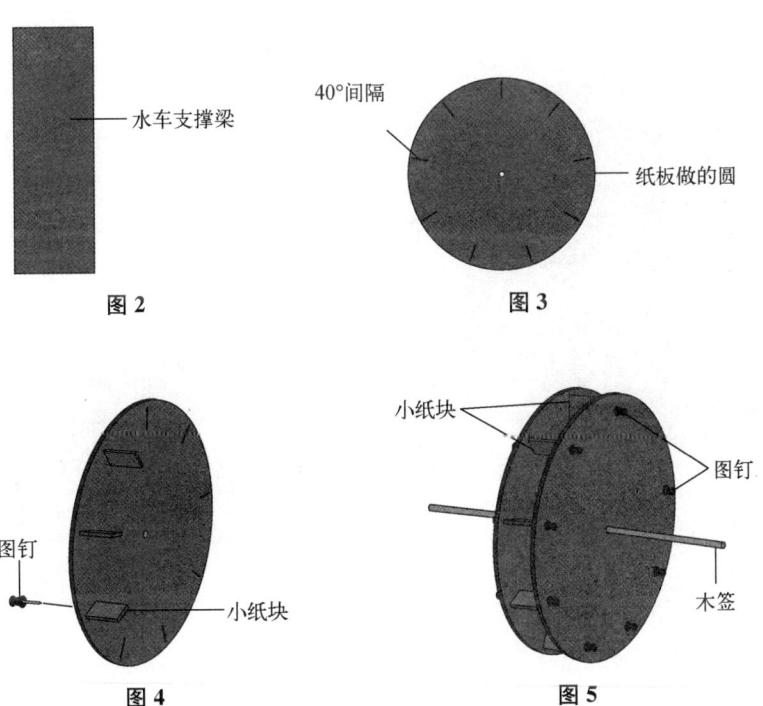

图4 图钉 —— 小纸块

图5 小纸块 —— 图钉 —— 木签

实验13 制作水车

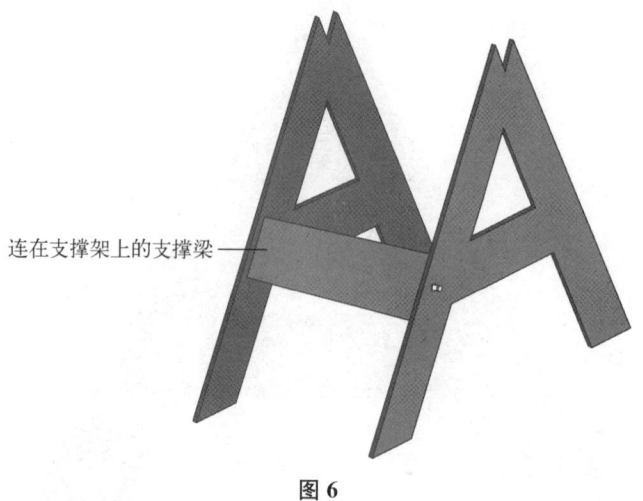

图 6

12. 将木签放置在水车支撑架的顶部(图 7)。
13. 将水车放入水槽中。
14. 慢慢打开水龙头,使水在低压状态下流出,让水击打在水车的桨片上(图 8)。

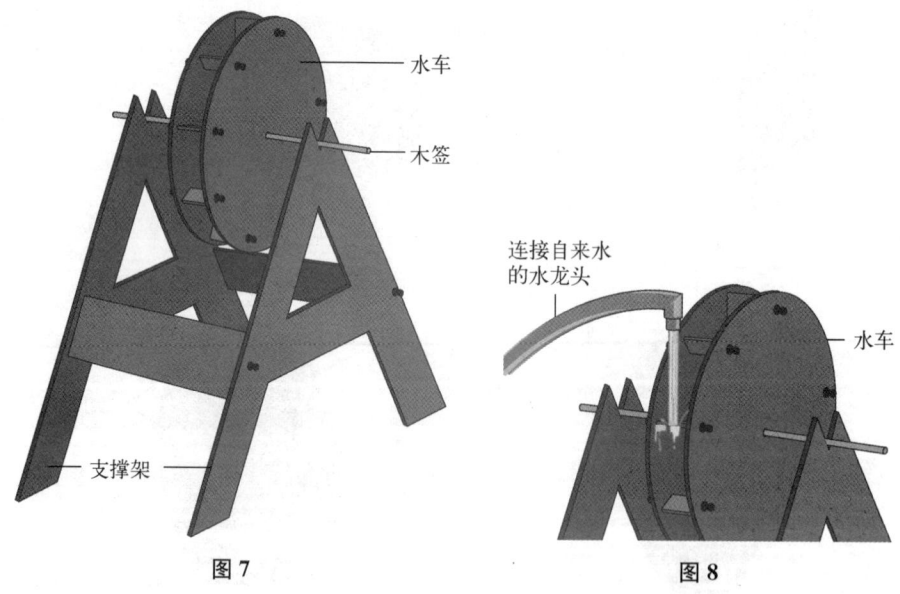

图 7　　　　　图 8

15. 观察水流下水轮的运动方式。
16. 关闭水龙头。

17. 从装鸡蛋的泡沫纸盒上剪下1个蛋托,制成"泡沫水桶"(图9)。

18. 在剪下的蛋托四角戳孔。

19. 剪一段约5—7厘米长的绳子,穿过你做好的泡沫桶的每个点,最后形成水桶把手(图10)。

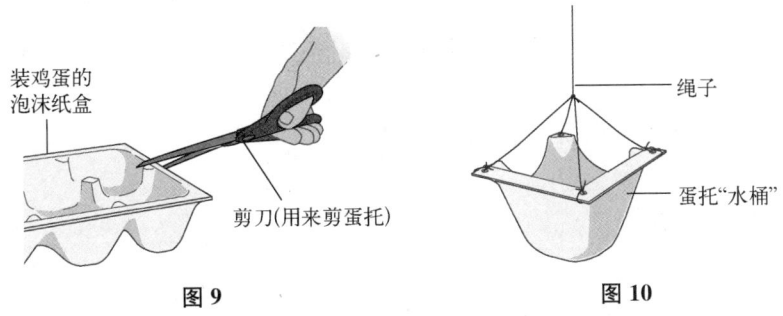

图 9　　　　　图 10

20. 将剩余的绳子和你做成的水桶把手绑在一起。

21. 将剩余绳子的另一端绑在水车的木签上,绳子的长度要使"水桶"几乎要贴到水槽底部,然后剪掉多余的绳子(图11)。

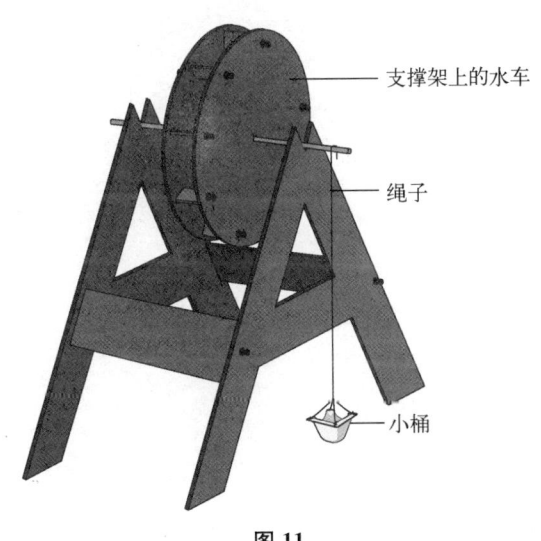

图 11

22. 在小桶里放入几枚硬币。

23. 重复步骤14—16,然后观察小桶的变化。

分 析

1. 当你打开水龙头时,水车会发生什么情况?
2. 当你把小桶系在水车上并打开水龙头时,小桶会发生什么情况?
3. 用在小桶中加硬币或打开水龙头的方法来测试水车搬运重量能力。水车最多能提起多少枚硬币?
4. 你认为水车在面粉厂中的用途是什么?

我们的发现

请参阅本书附录中的"我们的发现"。

实验 14　设计鲁布·戈德堡装置

简 介

鲁布·戈德堡(Rube Goldberg,1883—1970)是一位美国漫画家,他曾获得工程学学位,因发明复杂滑稽的小玩意儿而被人们熟知。这些小玩意儿通常是用一系列简单的机械来完成一个小任务。如今,这类机械都被称为戈德堡装置。这种小玩意儿通常装有齿轮、短桨和报警器,甚至常常用小动物来启动装置。坐落在美国印第安纳州的普度大学,每年都要举办一届鲁布·戈德堡竞赛,来选出能制造出最复杂的小玩意儿的人。至今,鲁布·戈德堡仍然影响着当今的漫画创作。例如,《兔八哥》中就有用复杂装置来完成简单任务的描写,甚至儿童中流行的"打地鼠"游戏中也隐藏着鲁布·戈德堡概念。

在本实验中,你将根据能够获得的实验材料,设计一种或多种鲁布·戈德堡装置。完成装置制作后,请检验它(们)是否能达到最终的目的。

实验时间

3—4 小时

实验材料

- 几张白纸

- 铅笔

（以下材料可以依据自己的情况适当调整）
- 胶带
- 塑料杯
- 剪刀
- 弹珠或小的橡胶球
- 滑轮
- 线或绳子
- 多米诺骨牌
- 纸巾卷中的纸巾筒
- 鞋子或靴子
- 积木
- 硬币
- 黏土
- 玩具汽车或玩具卡车
- 登陆互联网

安全提示

请仔细阅读并遵守本书前面的"实验前必读"中的"安全准则"。遵循互联网安全提示访问互联网。

实验步骤

1. 查阅互联网，搜索并了解鲁布·戈德堡装置。

2. 确定一个你想通过鲁布·戈德堡装置来完成的简单任务（例如，打开电源开关或者喂猫）(图1)。

3. 考虑一下你可能用到的材料，画一个图来展示你的鲁布·戈德堡装置所用到的不同装置，另外还要画出每个部分是如何连接的(图2)。

4. 选出你最满意的设计，然后按照图纸来安装你的鲁布·戈德堡装置。

图 1

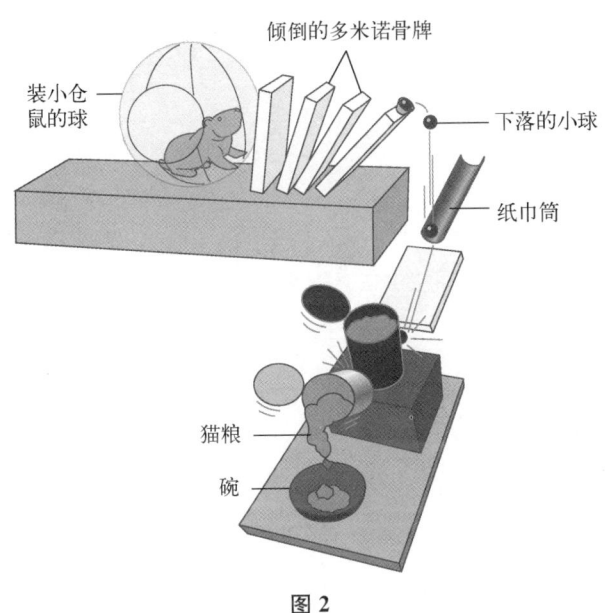

图 2

5. 测试你的装置。

6. 评价你的装置。如果你的装置没有完成最后的任务,请考虑是否要进行一些改动。

分　析

1. 你的装置能用最简单的方法来完成任务吗？为什么？

实验 14　设计鲁布·戈德堡装置

2. 你的装置有用吗？还有哪些地方需要修改？

3. 如果想要做一个更复杂的装置，你还需要哪些材料？

4. 你想参加鲁布·戈德堡竞赛吗？如果想，你会使用你的装置完成什么任务？上网查找如何申请参加该项比赛。

我们的发现

请参阅本书附录中的"我们的发现"。

实验 15　制作摩天大楼模型

简　介

摩天大楼是好似耸入云端般的高楼大厦。每个城市都有自己关于摩天大楼的高度标准，只有达到这个标准的建筑物才会被称为摩天大楼。不过，有些摩天大楼以其极高的高度而闻名于世。例如，纽约的帝国大厦和芝加哥的威里斯大厦(曾被称为西尔斯大厦)等。近些年，落户于中国台湾的台北 101 大楼是全球最高的大厦。但是目前，它已经被一座迪拜的新建筑所超越。

摩天大楼这个名词流行于 19 世纪末，当时的建筑设计允许建造比此前的建筑物更高的大楼。如今，在螺纹钢的支撑下，建筑物可以建造得更高。但是在设计这类极高的建筑物时，一定要考虑到风、重量和地震等因素的影响。

在本实验中，你将制作一个摩天大楼的模型，然后用重量和风来测试它的坚固性。

实验时间

1 小时

实验材料

- 10 根吸管
- 扑克牌
- 尺子
- 剪刀
- 10 个橡胶熊
- 1 卷透明胶
- 数张无格的纸
- 铅笔
- 吹风机
- 附近可用的电源插座
- 秒表或闹钟

安全提示

请仔细阅读并遵守本书前面的"实验前必读"中的"安全准则"。在使用电源插座时,建议在成人监督下操作。

实验步骤

1. 学习如何应用制作摩天大楼时所需的工具:吸管、扑克牌、透明胶带、尺子和剪刀。

2. 你将有1个小时的时间制作摩天大楼模型,它至少有约35厘米高。它要能够承载10个橡胶熊的重量,在吹风机的干扰下也不会倒塌。

3. 在纸上草拟设计摩天大楼的思路,并考虑摩天大楼哪个支撑点可以避免大楼倒塌。

4. 选出你认为最好的设计方案来制作摩天大楼(图1)。

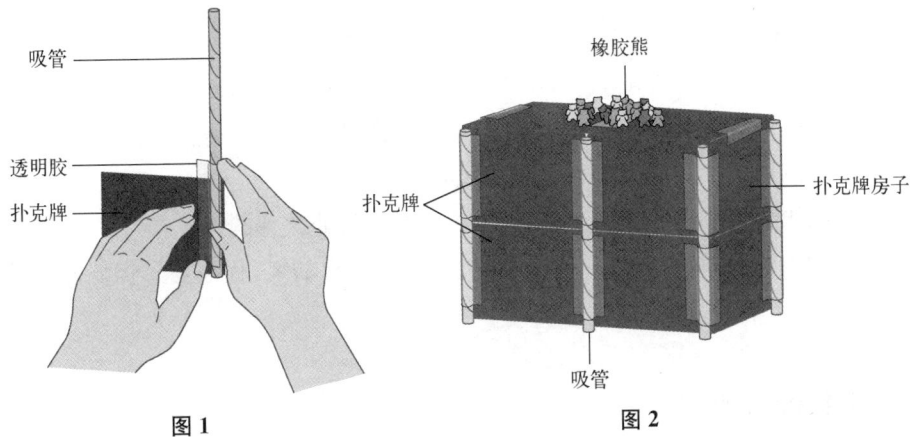

图 1　　　　　　　　　图 2

5. 1 小时后,对你制作的摩天大楼模型进行测量,确保它至少约 35 厘米高。

6. 在这个建筑物上要放置 10 个橡胶熊(图 2)。

7. 记录下你的观察结果。

8. 将吹风机插在电源上,在距离模型约 35 厘米远的地方吹风(图 3)。

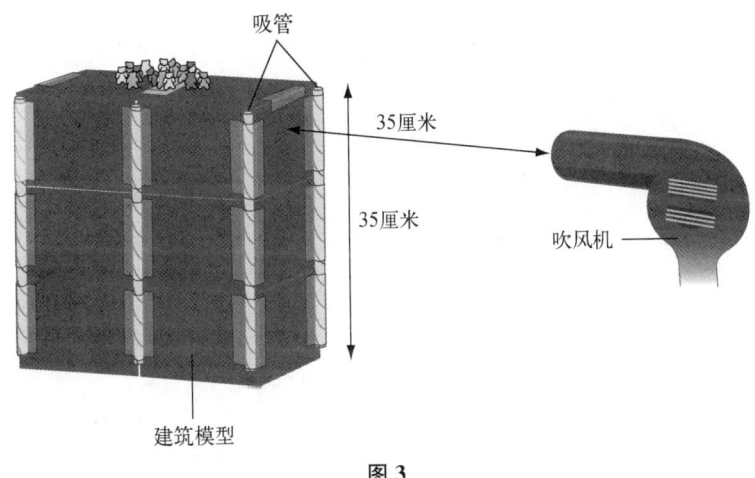

图 3

9. 将吹风机调成低挡,向建筑模型吹风 60 秒。

10. 记录下你的观察结果。

分　析

1. 你的摩天大楼模型是否能承受 10 个橡胶熊的重量？为什么？
2. 你的摩天大楼模型能否经受住风吹？为什么？
3. 如果你要制作一个更高的模型，你需要如何修改你的设计？
4. 如果你的模型需要经受住吹风机高位挡吹出的风，你需要怎样修改你的设计？

我们的发现

请参阅本书附录中的"我们的发现"。

实验 16　制作滑板坡道

简　介

滑板运动是需要驾驭滑板、并运用技巧来表演滑行的一种运动。通常来说,它极具危险性。滑板是一项相当现代的运动,玩滑板的人被称为"滑板者"。滑板技巧动作本来是指抬起滑板的部分轮子,使其脱离地面来做一些特技表演。然而,随着这项运动的流行,滑板者开始制作滑板坡道。这样一来,他们就可以表演更加复杂的技巧动作。U型管被用于包括滑板在内的很多极限运动,它是由两个面对面的凹面斜坡(或称为单板U型槽)组成。在滑板公园被人熟知之前,早期的滑板者因为在空游泳池中滑行而闻名于世,因为这与在坡道上滑板的效果差不多。一些著名的滑板明星包括滑板先驱之一托尼·阿尔瓦(Tony Alva,1957—　),他也是使滑板运动流行化的代表之一;还有多次赢得滑板比赛冠军的托尼·霍克(Tony Hawk,1968—　)。不过,这两位滑板明星的共同点是他们都在滑板坡道上进行练习。

在本实验中,你将设计和制作一个小型滑板坡道。

实验时间

4—6 小时

实验材料

- 8 根约 1.2 米长的木条
- 2 块胶合板,厚度约 2 厘米,长宽约 122 厘米×244 厘米
- 2 块胶合板,厚度约 1 厘米,长宽约 244 厘米×122 厘米
- 剪刀
- 锤子
- 卷尺
- 铅笔
- 钢丝锯
- 约 60 枚钉子

安全提示

请仔细阅读并遵守本书前面的"实验前必读"中的"安全准则"。本实验需在成人监督下完成。请小心操作各种工具。建议在成人监督下测试和使用滑板坡道。

实验步骤

1. 将厚度为 2 厘米的胶合板纵向锯成两半。
2. 使用其中一块胶合板,在距离底部约 3 厘米的地方开始向斜上方画一条线,终点在距离胶合板另一端约 20 厘米的地方(图1)。
3. 将这部分图形锯下。
4. 沿这一图形轮廓在另一块胶合板上画图。
5. 锯下这部分图形。
6. 用铅笔,沿着该图形的斜边每隔约 20 厘米做一个记号(图2)。
7. 将一根小木条水平放置在两块切割好的胶合板中间,用 2 枚钉子把小木条的两端固定在胶合板上(图3)。

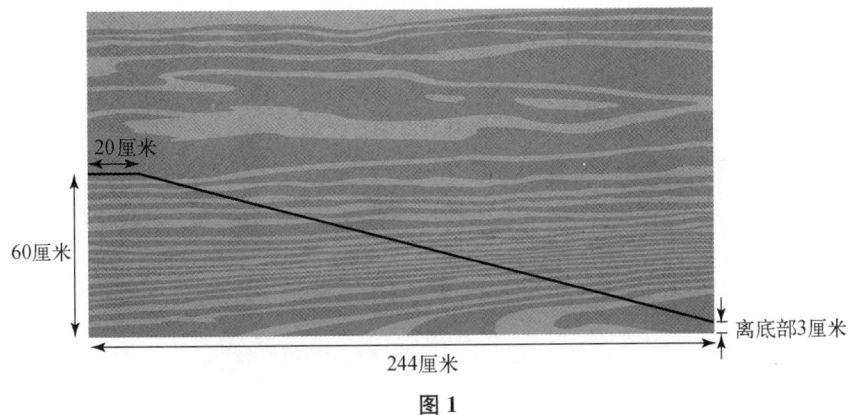

图 1

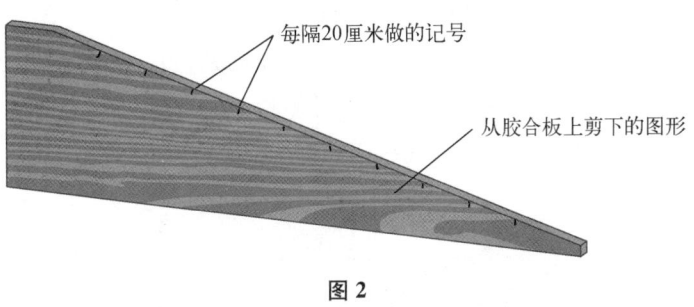

图 2

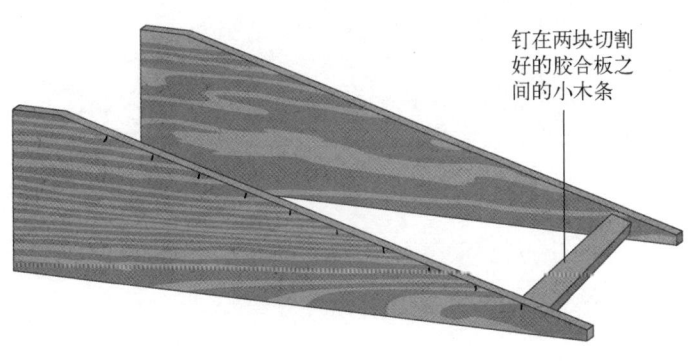

图 3

8. 将另外 5 根小木条每隔约 20 厘米钉在两块胶合板中间,注意木条与地面垂直而不是水平(图 4)。

9. 将一根小木条用 2 枚钉子钉在坡道平面开始部分(图 4)。

10. 将一根小木条用 2 枚钉子钉在坡道平面的结束部分(图 4)。

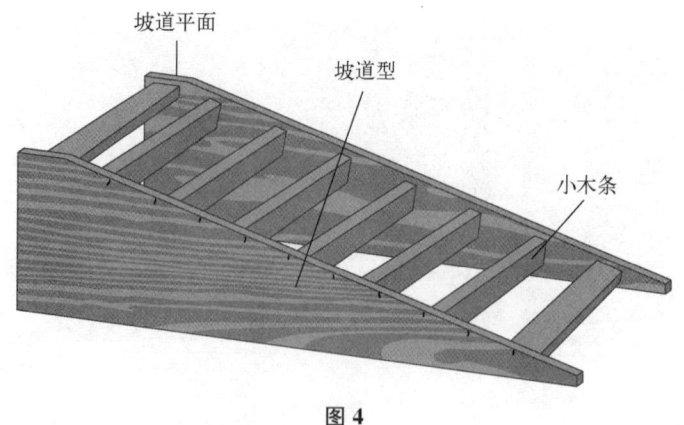

图 4

11. 将厚约为 1 厘米的胶合板铺在坡道上。

12. 首先,用铅笔在胶合板上画出覆盖坡道所需的图形,然后将图形锯下。其次,你需要锯下一块稍小的胶合板以覆盖坡道平面部分。最后,你需要锯下一块更小的胶合板来覆盖从地面转向坡道的部分(图 5)。

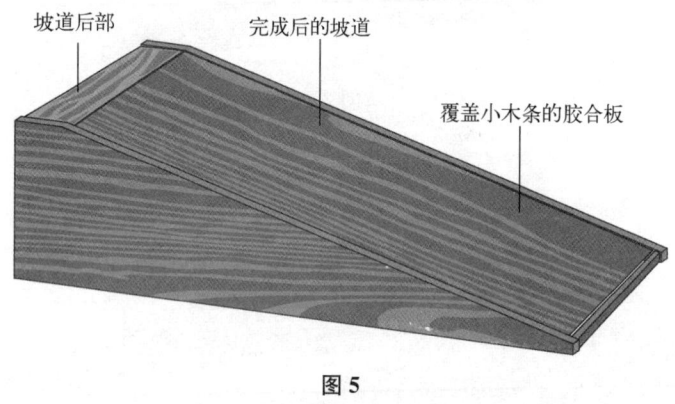

图 5

13. 将锯下的胶合板钉在小木条上方。

分 析

1. 一个滑板者如何运用坡道来使滑板增速和减速?
2. 你将如何改变你的设计来增加坡道的加速度?
3. 如果你将 2 个坡道面对面放置,并从一面的坡道滑下,将会发生什么?

4. 如果你还有其他材料可以使用,请再制作一个类似的坡道。然后,制作一个与坡道等高的木盒子,并用胶合板覆盖好。将这个木盒子放在两个坡道中间:这样你就有了一个"魔力盒子"。看看你的设计是否有效?

我们的发现

请参阅本书附录中的"我们的发现"。

实验 17　制作圆顶雪屋

简 介

　　圆顶雪屋或雪房子由因纽特人(即北美和格陵兰岛的爱斯基摩人)建造。这个名字来源于因纽特语中的 Iglu，即房子的意思。圆顶雪屋一般用雪块建造，可以用来做一个临时庇护所。圆顶雪屋有 3 种传统类型，最普遍的是被用作临时庇护所的小型圆顶雪屋；其次是半永久住宅式的中型圆顶雪屋；最后是由两部分建筑组成的大型圆顶雪屋。在大型圆顶雪屋中，一个建筑可作为特别场合临时使用，另一个则供长久居住。这些较大的雪屋至少能容纳 20 人。

　　在建造圆顶雪屋时，移走制作雪块所需的雪后，留下的洞即可用来制作圆顶雪屋的底部。此外，因纽特人通常还要修建通道，通道连接雪屋的入口，可以防止风和热进出雪屋。在传统的因纽特人圆顶雪屋中，通常使用石灯，因为它可以防止灯光散热而导致雪块慢慢融化。不过，雪块融化后再次冰冻的过程实际上也是加固建筑的过程。虽然圆顶雪屋的设计简单，但却是工程学上的一大挑战。

　　在本实验中，你将制作一个圆顶雪屋的模型，并分析在设计模型时应用到的工程学技术。

实验时间

2 小时

实验材料

- 4 杯面粉(杯子容量为 1 升)
- 1 杯半水(杯子容量为 400 毫升)
- 1 杯盐(杯子容量为 300 毫升)
- 1 个纸碟
- 小刀
- 铅笔
- 1 罐白糖霜
- 大号碗
- 大号搅拌匙
- 擀面杖
- 用来揉面团的平面或平坦的桌面
- 尺子

安全提示

请仔细阅读并遵守本书前面的"实验前必读"中的"安全准则"。建议在有成人监督下操作刀子这类的锋利工具。

实验步骤

1. 在大碗中放入面粉,加水和盐一起搅拌。如果这时没有搅拌匙,也可以用手来操作。

2. 揉面团大约 5 分钟。

3. 找一个表面光滑且干净的平面来擀面团。
4. 用擀面杖将面团擀成约 8—13 毫米的厚度。
5. 用尺子和小刀在面团上切块,每块约 13 毫米×6 毫米(图1)。

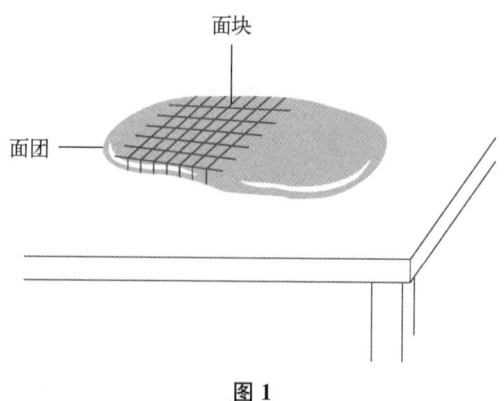

图 1

6. 将 4 个小面块首尾相连(图2)。

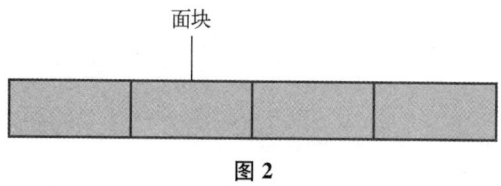

图 2

7. 将这 4 个排列好的面块沿对角线切开(图3)。

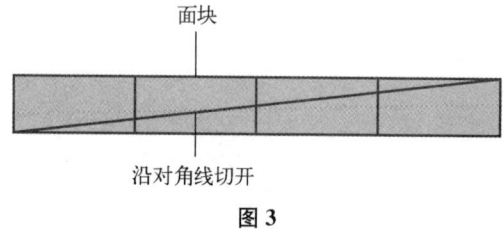

图 3

8. 将切好的面块的上半部分舍去,下半部分面块作为圆顶雪屋的底部。
9. 将纸碟倒置。
10. 把切好的面块竖直排列在倒置的纸碟边缘,用白糖霜来固定位置(图4)。
11. 继续以环形方式添加面块,并用白糖霜来固定位置(图5)。

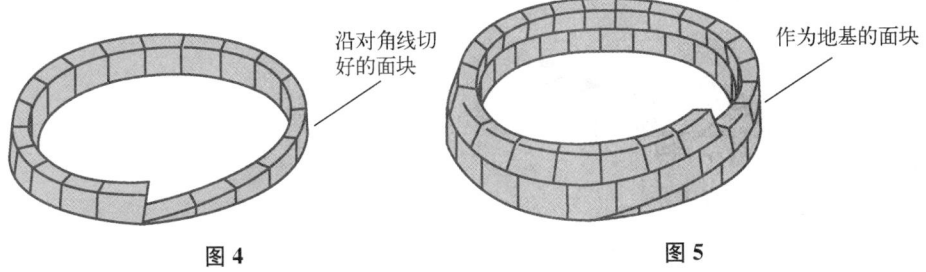

沿对角线切好的面块

作为地基的面块

图 4

图 5

12. 做好雪屋地基后,继续添加其他面块。但注意:往上添加每层面块时,要稍微向内倾斜(图 6)。

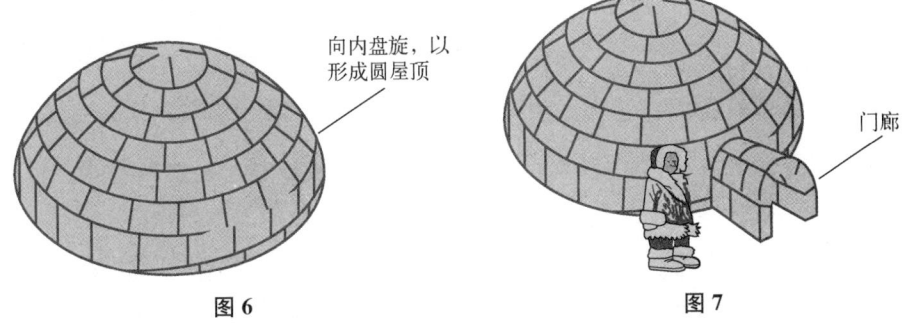

向内盘旋,以形成圆屋顶

门廊

图 6

图 7

13. 继续向内盘旋,直到形成圆屋顶(图 6)。
14. 最后切下一块适合圆顶雪屋上方洞型的面块(图 6)。
15. 使用剩下的面块,用小刀切出一个大约两块面块高的门廊(图 7)。

分　析

1. 工程学中关于建筑和圆屋顶的知识是如何帮助你制作圆顶雪屋的?
2. 圆顶雪屋为什么是一种临时性建筑?
3. 你还可以使用哪些材料来制作圆顶雪屋?
4. 你认为这种建筑技术是否能应用于其他建筑?

我们的发现

请参阅本书附录中的"我们的发现"。

实验 17　制作圆顶雪屋

实验 18　制作门铃报警器

简 介

电气工程是工程学的一个分支，它涉及电力应用和电磁学等领域。威廉·吉尔伯特（William Gilbert，1540—1603）是一位英国医生，后来他被认为是最早的电气工程师之一。不过在 19 世纪，也有一些科学家因为对电学作出突出贡献而闻名于世。例如，德国物理学家乔治·欧姆（George Ohm，1787—1854）、英国化学家和物理学家迈克尔·法拉第（Michael Faraday，1791—1867）等。在近代，这一领域的成就当属收音机、微波炉、雷达和计算机的发明。为了成为一名合格的电气工程师，大多数从事该领域活动的人都要主修 4 年的电气工程专业，并获得理学学位，有些人还获得了硕士学位。如今，我们每天使用的许多设备都来自电气工程师的创造和改进。

在本实验中，你将制作一个电气装置——门铃报警器。当门开启时，这个报警器就会发出提示声音。

实验时间

45 分钟

实验材料

- 1个木制衣夹
- 1小卷绝缘胶布
- 剪刀
- 3根剥掉绝缘体的电线,每根长约13厘米
- 蜂鸣器
- 9伏电池
- 1块约20厘米×20厘米的木板
- 1块约2.5厘米×5厘米的纸板
- 胶水
- 1个能压住木板的重物
- 1扇带把手的门
- 1条约2/3—1米的绳子

安全提示

请仔细阅读并遵守本书前面的"实验前必读"中的"安全准则"。在制作时要小心处理电池和电源。建议在成人监督下操作。

实验步骤

1. 用胶布将电池粘在木板上(图1)。
2. 用胶布将蜂鸣器粘在木板上(图1)。
3. 压住木衣夹的手柄使木衣夹张开,在木衣夹的张口处缠绕3圈电线,并留出一些电线(图2)。松开木衣夹时,使两边缠绕的电线能够紧挨在一起(图3)。
4. 将木衣夹上的一根电线连接到电池的负极上。用绝缘胶布来保护电池(图4)。
5. 将木衣夹上的另一根电线连接到蜂鸣器上(图4)。

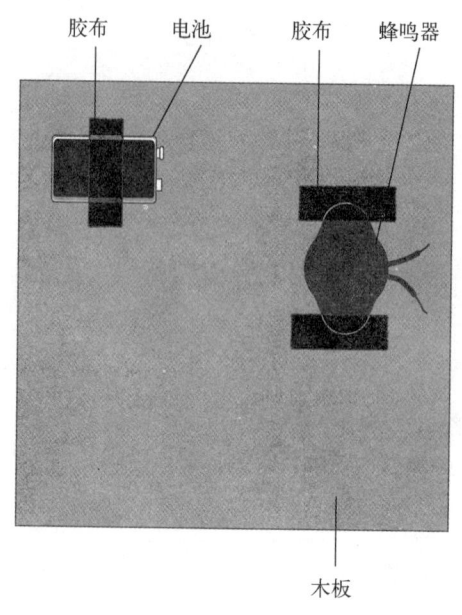

图 1

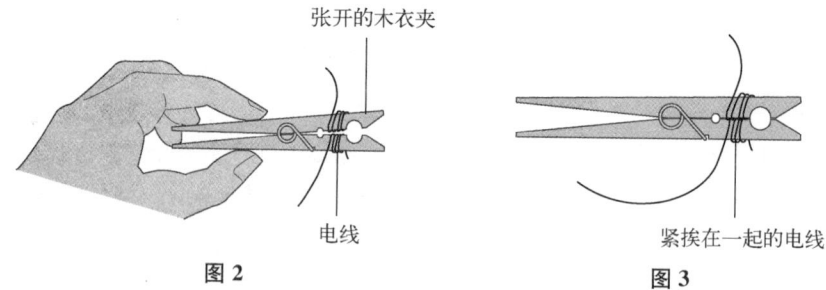

图 2　　　　　　　　　图 3

6. 将一小块纸板放置在木衣夹中,确保小块纸板和电线圈能紧挨在一起(图 5)。

7. 将连接着电池正极的电线的剩余部分与蜂鸣器相连(图 4)。用绝缘胶布来保护电线。

8. 将纸板从木衣夹中取出,听听蜂鸣器是否发出声响。如果没有响声,请重新检查你的所有连接是否妥当。

9. 重新将小纸板插入木衣夹中。

10. 将木衣夹用胶水粘在木板上。

11. 将绳子的一端系在小纸板上。

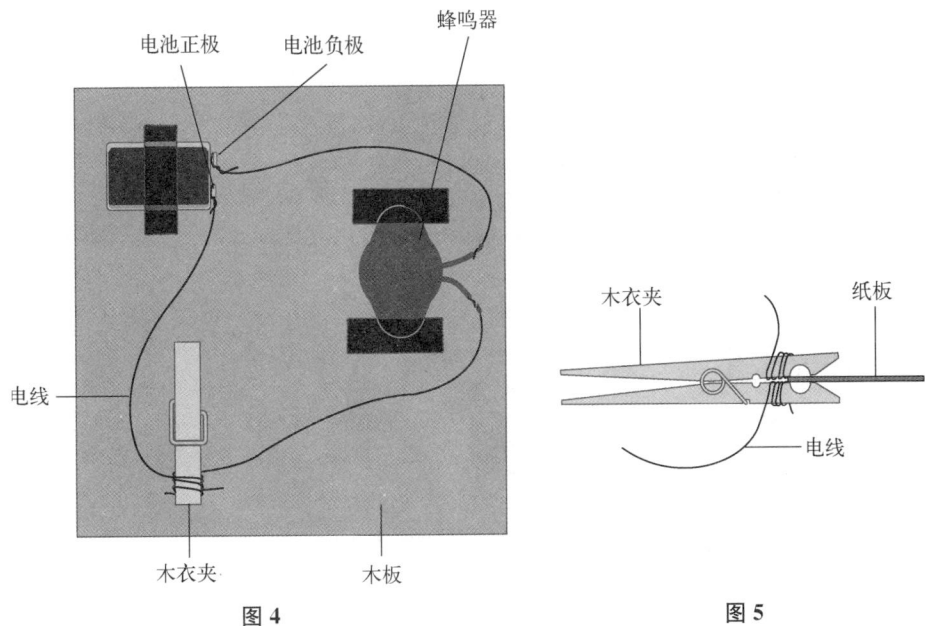

图 4

图 5

12. 将绳子的另一端缠绕在门把手上（图 6）。

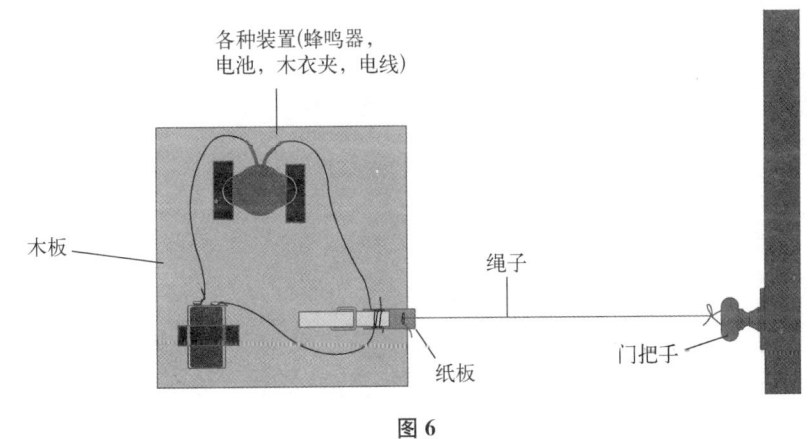

图 6

13. 把已经连好蜂鸣器的木板放在合适位置，确保开门时绳子能够拉紧，直至把纸板从木衣夹中拉出，从而使蜂鸣器发出声响。

14. 用重物压住木板，使其不易移动。

分 析

1. 为什么取出纸板会使蜂鸣器发出响声？
2. 在制作报警器时，除了蜂鸣器之外，还有什么物品可以替代它发出声音？
3. 在了解门铃报警器的原理之后，你还能设计出其他样式的门铃报警器吗？
4. 这项技术还有什么其他用途？

我们的发现

请参阅本书附录中的"我们的发现"。

实验 19　研究并制作航天飞机模型

简　介

航天飞机是一个经过特别设计的飞行器,它能够飞行于外太空并能重返地球,因此能够被重复使用。1982年,航天飞机实现了首次飞行。航天飞机的设计包括能容纳有效载荷和机组人员的轨道飞行器,还有火箭助推器和能够发射航天飞机的外部燃料箱。航天飞机一旦到达轨道,外部燃料箱就会脱落。航天飞机的独特之处在于它的大型货舱门可以展开并卸载有效载荷。航天飞机是第一种可以被重复使用的航天器。在美国,航天飞机的发射由美国航空航天局(NASA)来规划。

在本实验中,你将制作一个航天飞机的模型,并了解航天飞机的历史和它们的任务。

实验时间

2小时

实验材料

- 3个纸巾卷中的纸筒
- 1个小号空燕麦瓶

- 2个纸杯
- 铅笔
- 卷尺
- 胶带
- 剪刀
- 黏度较强的胶
- 浅灰和深灰色的美术纸各2张
- 4份干豆
- 深灰色油漆
- 小号油漆刷
- 少许纸巾
- 登陆互联网

安全提示

请仔细阅读并遵守本书前面的"实验前必读"中的"安全准则"。始终遵循互联网安全提示访问互联网。

实验步骤

1. 剪掉2个纸杯的上半部分(图1)。
2. 将纸杯底部倒置于纸巾上,用油漆刷在杯体上涂好深灰色油漆(图2)。
3. 等待油漆干尽。
4. 拿出一张浅灰色美术纸,将一个纸巾筒竖直放在美术纸上,用一支铅笔画出纸巾筒底部的圆轮廓(图3)。
5. 重复步骤4。
6. 拿出一张深灰色美术纸,用燕麦瓶代替纸巾筒,再次重复步骤4。

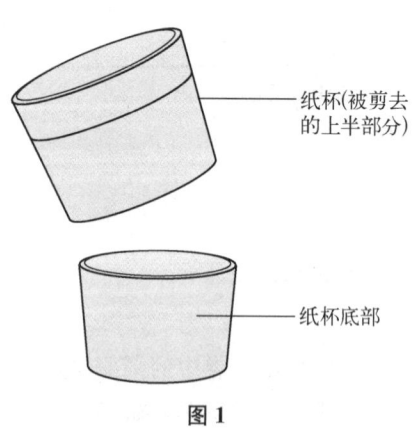

纸杯(被剪去的上半部分)

纸杯底部

图1

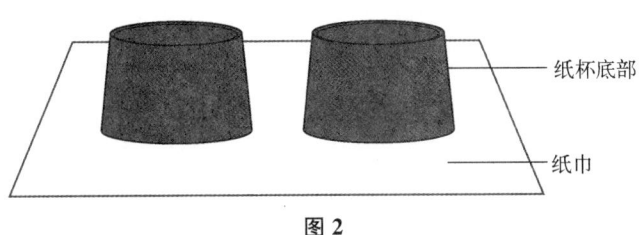

图 2

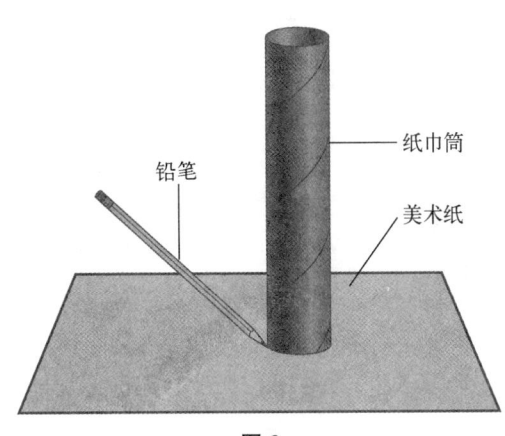

图 3

7. 将制作成的 3 张圆形纸(2 个小的浅灰色圆和 1 个大的深灰色圆)各剪成两半(图 4)。

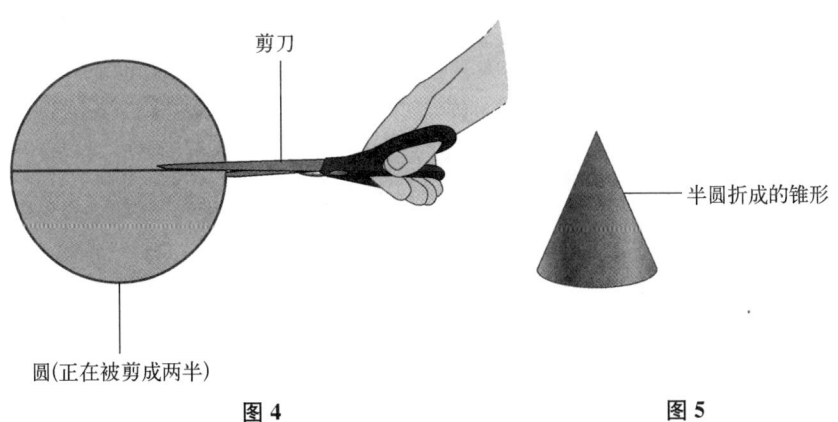

图 4　　　　　　　　　　　**图 5**

8. 将 3 个浅灰色的半圆和 1 个深灰色的半圆折成圆锥形(图 5)。
9. 将圆锥的边缘部分粘好。

10. 将2个纸筒粘在2个已经涂好漆的纸杯中(图6)。
11. 将2份干豆分别倒入空纸筒中。
12. 用胶带分别把小圆锥粘在每个纸筒上(图7)。

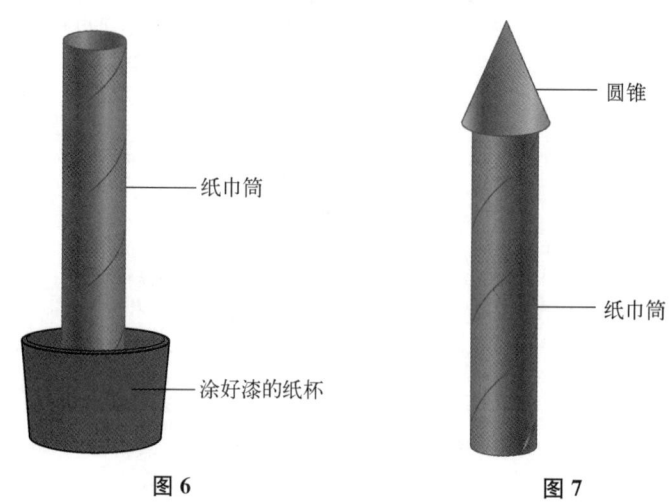

图 6　　　　图 7

13. 用大圆锥和燕麦瓶重复步骤12。
14. 在纸筒上粘好浅灰色美术纸,燕麦瓶上粘好深灰色美术纸。
15. 将制作好的燕麦瓶放置在2个制作好的纸筒中间,燕麦瓶底部要高于纸筒5厘米(图8)。

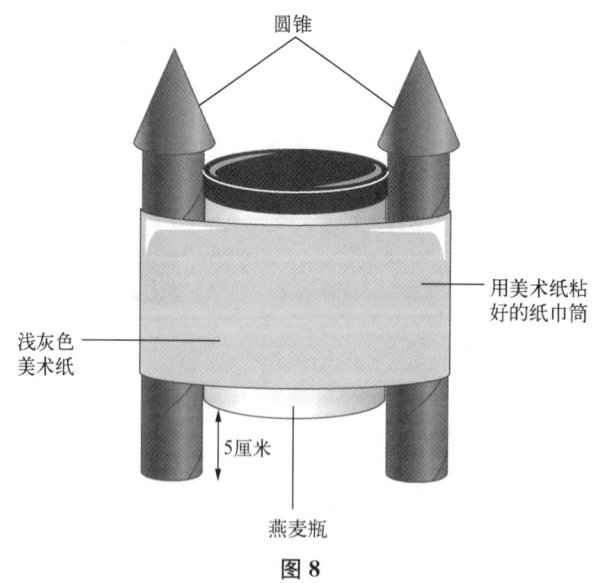

图 8

16. 将燕麦瓶粘在纸筒上。
17. 等待胶水干尽。
18. 剪出航天飞机的机翼(图9)。

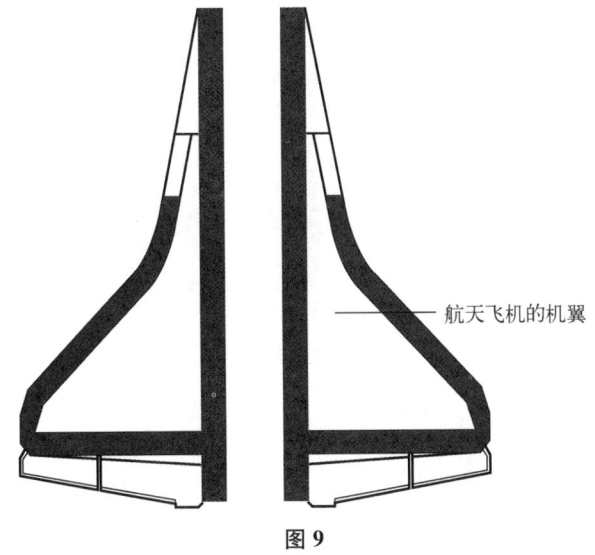

航天飞机的机翼

图 9

19. 剪出航天飞机机尾部分和火箭助推器(图10)。

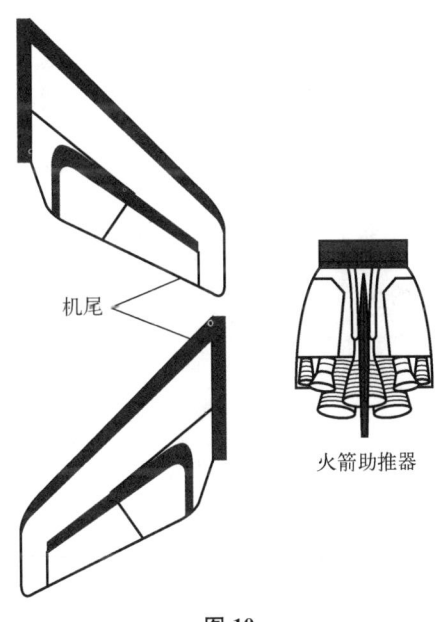

机尾

火箭助推器

图 10

20. 将一个纸筒剪成 2 段(图 11)。

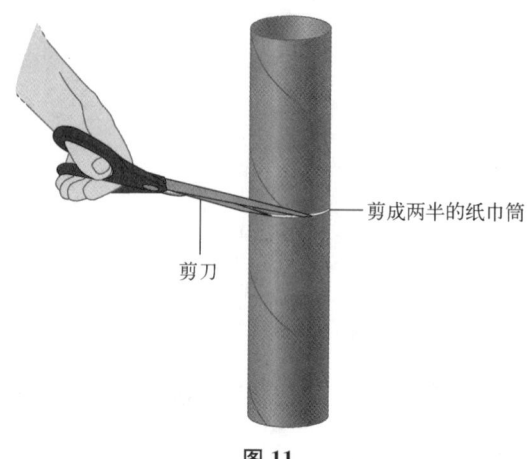

图 11

21. 为半段纸筒粘好浅灰色的美术纸。
22. 将最后一个圆锥粘在刚制作好的纸筒上。
23. 将机翼和机尾粘在这个纸筒上(图 12)。

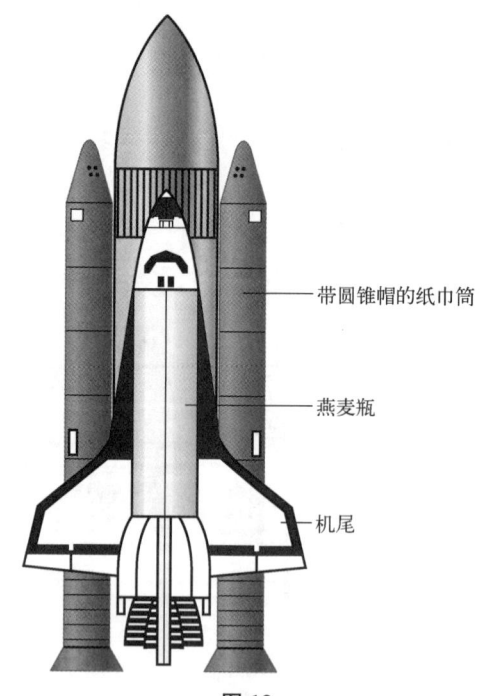

图 12

24. 将你做的"航天飞机"粘在燕麦瓶上(燕麦瓶相当于你的航天飞机的火箭助推器部分)(图12)。

分　析

1. 为什么这个航天飞机模型需要使用燕麦瓶式助推器和纸筒式外部燃料箱？制作这个模拟航天飞机的目的是什么？
2. 对航天飞机进行研究，然后写一份关于以下内容的报告：航天飞机执行第一次任务是在什么时候？到目前为止，人们已经建造了多少架航天飞机？它们的名字是什么？航天飞机每次执行任务的目的是什么？哪些宇航员执行过航天任务？与火箭相比，航天飞机有什么独特之处？航天飞机的飞行轨迹是怎样的？

我们的发现

请参阅本书附录中的"我们的发现"。

实验 20　利用拱形设计并制作隧道模型

简 介

在建筑设计中,拱形既美观又实用。它能够承载重物,使其不会倒塌。例如,许多隧道都建造在地下,拱形就可以支撑隧道上方的地表重量。换句话说,拱形在支撑重量的同时还能减少或消除其跨越空间所带来的拉伸张力。拱形的使用可以追溯到古代的美索不达米亚、小亚细亚,但最早利用拱形来建造地上建筑物的代表却是古罗马人。他们将拱形应用在从桥梁到大型建筑物的一切建筑上。后来,欧洲人赋予了拱形新的变化。

建造一个拱形建筑最初通常需要修筑一个木制框架,这样便于拆卸,从而有利于建造出符合框架的拱形结构。不过,由于年久的原因,旧楼宇和拱形建筑物往往需要加固。

在本实验中,你将制作一个拱形的隧道模型。

实验时间

3 个半小时

实验材料

- 9 根 2 厘米×15 厘米的雪糕棍

- 热水
- 中号碗
- 热胶枪
- 胶枪用胶
- 1个敞口罐头瓶
- 橡皮筋
- 砂纸
- 钢丝钳
- 压克力工艺漆
- 秒表,定时器或闹钟

安全提示

请仔细阅读并遵守本书前面的"实验前必读"中的"安全准则"。小心使用热胶枪。建议在成人监督下使用。

实验步骤

1. 将碗中盛满热水。
2. 将两根雪糕棍放入热水中浸泡30分钟。
3. 从水中取出雪糕棍。
4. 小心地将雪糕棍绕在罐头瓶外壁,在罐头瓶和雪糕棍上缠绕2根橡皮筋将其位置固定(图1)。
5. 将罐头瓶和雪糕棍在一旁放置2小时,使其干燥。
6. 从罐头瓶上拆下已经弯曲的雪糕棍。
7. 使用热胶枪,将2根弯曲的雪糕棍粘在一个直雪糕棍上。请注意不要使

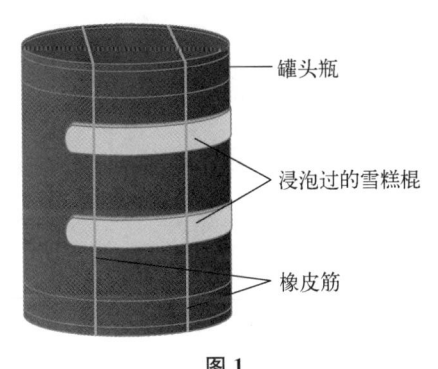

图1

2根弯曲雪糕棍的顶端超过直雪糕棍的另一侧(图2)。尽可能确保2根雪糕棍顶端位置对齐。

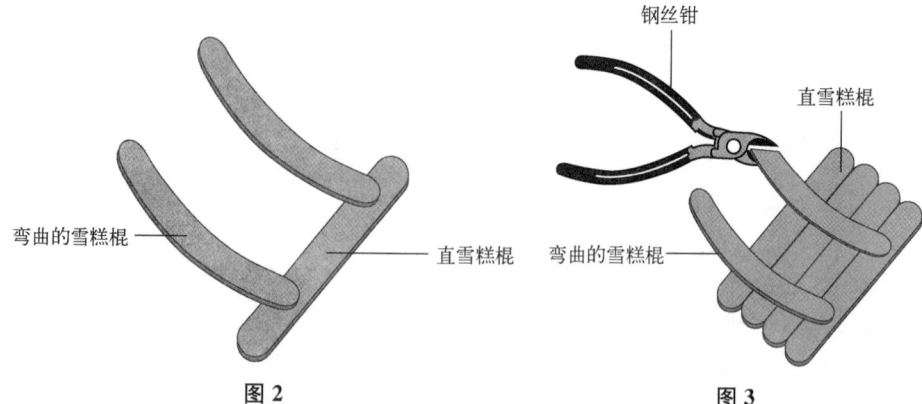

图 2　　　　　　　　　　图 3

8. 接着将几根直雪糕棍粘在弯曲的雪糕棍上,直雪糕棍的边缘要挨在一起。

9. 如果有必要,使用钢丝钳剪去超出最后一根直雪糕棍边缘的弯曲雪糕棍尾部(图3)。如果你剪掉了弯曲雪糕棍的尾部,请用砂纸轻轻打磨边缘部分。

10. 将你的作品直立起来,你就做成了一个隧道。

分　析

1. 运用拱形设计隧道的目的是什么?

2. 你还在其他地方见过拱形设计吗?

3. 如果你想增加隧道的长度,你在设计上应该进行哪些调整?如果隧道的长度非常长,请考虑如何加固隧道的中间部分?

我们的发现

请参阅本书附录中的"我们的发现"。

附 录

实验环境的设置

本书中的实验都是根据实验时所使用的材料和设备进行分类的,分类如下:

- "学校实验"标题下的实验所使用的设备和材料都只能在实验室中找到。同时标有"学校实验"的实验也必须在实验室中进行,并在教师或成年人的监督下完成。
- "家庭实验"标题下的实验所使用的材料都是家中常备或日常使用的东西。这些实验只需要在有成人监督的情况下在家中进行。
- "户外实验"标题下的实验可以在学校或在家中完成,但是需要在户外场地的,要在有成人监督下进行。

学校实验

实验9 制作全尺寸气垫船

家庭实验

实验1 探索工程师都做些什么
实验2 制作弹射器
实验3 制作并测试吊桥
实验4 建造防震建筑物
实验6 示范人造卫星轨道

实验 7　制作水坝工作模型

实验 8　制作"沥青"

实验 10　测试不同建筑材料的耐久力

实验 11　测试声音屏障的有效性

实验 12　制作风车

实验 13　制作水车

实验 14　设计鲁布·戈德堡装置

实验 15　制作摩天大楼模型

实验 17　制作圆顶雪屋

实验 18　制作门铃报警器

实验 19　研究并制作航天飞机模型

实验 20　利用拱形设计并制作隧道模型

户外实验

实验 5　设计降落伞

实验 16　制作滑板坡道

我 们 的 发 现

实验 1　探索工程师都做些什么

1. 答案会有所不同。

2. 答案会有所不同。

3. 答案会有所不同。

实验 2　制作弹射器

1. 答案会有所不同。

2. 答案会有所不同。

3. 弹射器的基础是杠杆。

4. 答案会有所不同。

实验3　制作并测试吊桥

1. 答案会有所不同。
2. 答案会有所不同。
3. 吊桥可以承载更多的重量是因为绳索的张力抵消了一些吊桥承受的重量和压力。
4. 答案会有所不同,但可能包含增加吊点来提供更多的支撑等。

实验4　建造防震建筑物

1. 答案会有所不同。
2. 答案会有所不同。
3. 工程师要设计能够抗震的建筑,保护建筑物内和其附近的人们,避免(或减少)地震伤害带来的损失。
4. 答案会有所不同,但可能包含环境、美感和功能性等。

实验5　设计降落伞

1. 答案会有所不同,但很可能是最小的降落伞。
2. 答案会有所不同,但很可能是最大的降落伞。
3. 降落伞的降落是受重力的牵引。
4. 关系如下:降落伞面积越大,降落所需的时间就越长。

实验6　示范人造卫星轨道

1. 答案会有所不同,但很可能是角度越陡,物体移动速度越快。
2. 棒球代表太阳,高尔夫球代表一个大行星,弹球代表一个小行星。另外一个可能的答案是棒球代表地球,高尔夫球或弹球代表月球。
3. 不同的物体围绕太阳运行时其速度不同是由于其质量和距离太阳的距离不同。

实验7　制作水坝工作模型

1. 水在最高点时喷射出的距离最长。
2. 水压越高,水的喷射距离越远。

3. 水坝的底部宽阔就是为了解决额外的水压问题。

4. 答案会有所不同。

实验8 制作"沥青"

1. 实验材料中列出的每一种成分都代表实际制作沥青时需要的原料。

2. 就像在真正的沥青中,热的熔化黏稠液体可以将其他原料粘在一起。沥青和巧克力在干燥后都会变硬。

3. 从传统上讲,道路铺设属于土木工程范畴。事例很多,但可能包括修建桥梁和隧道。

实验9 制作全尺寸气垫船

1. 围裙是气垫船的发动机。

2. 塑料布充当了围裙。

3. 空气被充进气垫船下,使船体上升,离开其停泊的表面。这样,船就可以依靠气垫行驶。

4. 吹风机无法产生使气垫船升起所需的足够动力。

5. 答案会有所不同。

实验10 测试不同建筑材料的耐久力

1. 答案会有所不同。

2. 答案会有所不同。

3. 答案会有所不同。

4. 答案会有所不同,但可能是:不是。它们不总是用来承受重量或力的。事实上,有些砖或铺石是装饰性的。

实验11 测试声音屏障的有效性

1. 答案会有所不同,但应该是有不同。

2. 答案会有所不同。

3. 会有变化。答案会有所不同。

4. 公路附近修建声音屏障是为了减少交通噪声,降低噪声污染对当地居民和附近企业的影响。

5. 答案会有所不同。

实验 12　制作风车

1. 答案会有所不同。

2. 答案会有所不同。

3. 答案会有所不同,但可能包括发电。

实验 13　制作水车

1. 水龙头打开时,水车开始转动。

2. 水龙头打开时,小桶会升起。

3. 答案会有所不同。

4. 水车在面粉厂中可以用来发电、移动物体,这样人们就不必在这样的事情上花费力气。

实验 14　设计鲁布·戈德堡装置

1. 不能。如果能,该装置就不是完成任务的最简单的方式。而这正是鲁布·戈德堡装置的关键。

2. 答案会有所不同。

3. 答案会有所不同。

4. 答案会有所不同。

实验 15　制作摩天大楼模型

1. 答案会有所不同。

2. 答案会有所不同。

3. 答案会有所不同。

4. 答案会有所不同。

实验 16　制作滑板坡道

1. 当从滑道滑下时,重力会使滑板加速。当从滑道滑上时,滑道的摩擦力和重力会使滑板的速度下降。

2. 答案会有所不同,但可能包括:使滑道更陡峭或更长。

3. 事实上,这就叫作"凹面斜坡"。它能够使滑板加速或减速,前后自由滑动,并表演技巧。

4. 答案会有所不同。

实验17 制作圆顶雪屋

1. 了解如何修建圆顶雪屋和如何支撑其重量对于建造不会倒塌的圆顶雪屋非常重要。

2. 圆顶雪屋由冰建造,因此它们只是一种临时建筑。因为温度变化的关系,冰会随着时间的流逝融化或发生形状的改变。

3. 答案会有所不同,但可能包括:方糖、纸板、黏土和泡沫聚苯乙烯等。

4. 大型圆顶建筑是在这种建筑技术的基础上建造的。此外,冰在建筑中的运用已广为人知。这种建筑技术还用于瑞典著名的冰宾馆。

实验18 制作门铃报警器

1. 当纸板被取出时,电路闭合,电流通过蜂鸣器,就会发出响声。

2. 答案会有所不同。

3. 答案会有所不同。

4. 答案会有所不同,但可能包括:这项技术可能会应用于制造一些简单的安全设备和其他用途的报警器。

实验19 研究并制作航天飞机模型

1. 它们代表最初将航天飞机发射到太空的助推火箭。

2. 答案会有所不同。

实验20 利用拱形设计并制作隧道模型

1. 拱形会支撑隧道上方的泥土重量。

2. 答案会有所不同。

3. 答案会有所不同。